あなた、気前よく生きてる？

あなたは望む
人生を生きてる？

理想の自分に
なれてる？

こんな生きづらい世の中、
「理想の自分」なんて
ほど遠いわよね。

今抱えている、
悩み、苦しみ、怒り……

あなたの問題は
ズバッとお見通しよ！

それはきっと、
なんとかなるわ。

この本を手にとったのは、
必然よ。
だから私の話を
ちょっと聞いて。

この世は
成功か
大成功しか
ないってことを。

強・金・龍

強運、金運、龍神を味方につける

最幸の法則

スピリチュアルカウンセラー

竜庵 Ryuan

BAB JAPAN

はじめに

ごきげんよう。

スピリチュアルカウンセラーの竜庵です。

13歳のときに突如現れた光の玉から1年かけて説法を授かり（現実の世界ではたった1分でしたが）、スピリチュアルな力が開花。それを生かしてこれまで10万人以上の鑑定を行ってまいりました。

この世知辛い世の中で、生きづらさを抱えている女性たちのなんと多いことか！　お金もない、仕事も好きじゃない、恋人もいない、幸せなんかどこにもない……そんな女が本当に多すぎるの。

でもね、それって誰かのせいでもないし、何かのせいでもない。あなた自身がそういう状態を望んでいるのよ。

「はあ？　何言ってんの？　こんな状況、自分で望むはずないじゃない！」

今、そう思ったあなた！　そんなだから、いつまでたっても、**金なし、**

恋人なし、幸せなしの3なし女のままなのよ！

お金も仕事も豊かさも、全部あなたの心の状態の

現われなんだからね。

心

＝

その人の本質

＝

生き様

＝

お金

お金や豊かさが欲しかったら、まずは自分の本質を知るべきなの。自分の心と向き合う必要があるのよ。

この本を手に取ったということは、あなたはお金や豊かさが欲しいのよね。そのためにも、まずは不平不満、愚痴、言い訳をやめて、自分自身を愛して、つねに心地よい気分でい続けてごらんなさい。

そうすると、あなたの中に本来持っているはずの強・金・龍が目覚めます。本書のタイトルにもある**「強・金・龍」**とは、強運、金運、龍神のこと。あなたを豊かで幸せな人生に導くエネルギーを意味します。

龍って自分とは別物と考えている人が多いけれど、それは違う。

あなた自身が龍なのよ。

エネルギーやオーラを発したり、宇宙と交信したりするのは、ほかでもない自分自身。私たちの身体には第1から第7チャクラと、エネルギーのボルテックス（うず）

が存在しています。宇宙からのエネルギーは第7チャクラから右回りに螺旋《らせん》を描きながら第6、第5、第4、第3、第2、第1チャクラへと降りていき、排泄物とともに自然に還ります。そうしてまた、エネルギーが第7チャクラから入ってくる……私たちも、自然界のエネルギーの流れに組み込まれているのです。

こうして私たちはすでに宇宙から大いなるエネルギーや叡智《えいち》を受け取っているの。それをもっと自覚的に受け取り、強・金・龍を味方につけて、さらなるお金や富や豊かさを享受したいと思わない？　さあ、お金と富と豊かさたっぷりで華麗な世界へ、これからご一緒いたしましょう。

強・金・龍

強運、金運、龍神を味方につける 最幸の法則

目次

パート2　だからあなたは幸せになれない

「自分の機嫌は自分でとるのよ！」

パート3 豊かさを手に入れる究極の真理

「捨てなきゃ入ってこないわよ！」

パート4
お金持ちにあって、あなたにないもの
「本気ぶっこいて生きてる!?」

パート5

最後に笑う人が持っているもの

「『何も持っていない』と思うなら、執念を持つのよ！」

パート
1

お金の流れは大きな運河

「『お金があったら幸せ』ではなく、
『お金があっても幸せ』」

正直に言って。あなたが欲しいものは何？

もう20年以上、スピリチュアルカウンセリングを行っておりますが、クライアントさんの中には、お子さんが二人もしくは三人いながらも、パートさんから経営者になって、年収何千万円になった方もいます。

その方々に、私がお伝えしたことは次の二つ。

「あなたのタガ（＝ブロック）を外しましょう」

「ご自分に必要なことをしてあげてください」

お金を得ることに躊躇《ちゅうちょ》せず、会社と交渉したり、キーパーソンに根回ししたりしながら、恥ずかしがらずに「生活が困窮していますから、今よりもお給料にプラスαを」「1．5倍に」「2倍に」「年収は〇〇万円ください」と、半年から1年かけて交渉するようにしてもらったのです。もちろん、最初は上司や会社とすごくぶつかりますけれど、お金のことは言った者勝ちです。

もっとはっきり言うわね。

世の中にはお金がいっぱいあるから。その中に手を突っ込みなさい！

スーッと手を突っ込むのよ。ものすごい額のお金が社会には流れているのだから。だから、お金が欲しいという欲求は、持っていてもいいの。

我慢なんかしちゃダメよ！

こう言うと、「でも、世の中お金だけじゃないし」「私にはその価値はないし」なんて言う人がたくさんいます。

そのタガを外すの。私はスピリチュアルカウンセリングの中で、いっぱいそれをやってきました。その結果、クライアントの方々はみんな、本当に豊かになっているのだもの。このパートの最後に一人でもできるワークのやり方を紹介しているので、ぜひ試してみて。めちゃくちゃテンション上がるわよ（笑）。

お金というのは宇宙の叡智。宇宙からの愛のプレゼント。

私たちには、そのプレゼントをもらう権利と義務があるの。私は中卒の学歴なし、コネもなし、人格者でもなし。それでも美容研究家とスピリチュアルカウンセラーとしての年商は億を超えています。これはね、私の中のお金に対するタガが外れているからなんですね。

それでも、最初からこうだったわけじゃないの。私はもともと高知の田舎育ち。トトロが出てきそうな森の近くで、目に見えない存在たちと戯れながら成長したような子どもでした。いつもあらぬ方向を向いて「うん、わかったよ」「じゃあ、またね」なんて、四六時中一人でブツブツ言っているような子どもでしたから、はたからは、かなり奇異の目で見られていたと思います。うちはネグレクト（育児放棄）の家庭でしたから、何をするにも自分しか頼りにならなかったし、目に見えない存在とコンタクトを取ることで、生きる厳しさから一時的に避難していたのかもしれません。

そんな境遇でしたから、人一倍、お金を自分で稼ぎたいと思っていたし、きらびやかな世界にも憧れていました。だから中学を卒業してすぐ、15歳で美容業界に飛び込んだんです。すると、あれよあれよという間にクライアントが増え、売り上げは何千万に膨れました。当時は美容師ブームもあって、とにかくもうやることなすこと大当たり。

でも、私の内面はどんどん腐っていってしまったのです。そして、そのツケが、あとあと、すさまじい形で私を襲ってきました。

強・金・龍を味方につけてきた私の経験をお伝えするために、お恥ずかしいけれど、まずその話からしていきましょう。

「傲慢」が、私からすべてを奪った

10代、20代の私は、今思うと本当に性根が腐った人間でした。自分で言うのもなんですが、もう**最低なやつ**でした。ただし、美容の仕事は大好きでしたから、そのための知識や技術の習得には、人一倍熱心に力を注いでいたのです。

今のように、職場のパワハラが問題になる時代ではないし、上下関係もはっきりしていたから、自分が店長、オーナーとして店を仕切るようになって、スタッフには無茶ぶりや高い要求を平気でしていたし、それができないと怒鳴り散らしていました。

当時は終始イライラして、それを人に平気でぶつけていたのです。無意識のうちに、内面では「もっと私に○○をして。私に○○をちょうだい！」って叫んでいる状態。黄金の水が欲しいのに、自分は砂漠の砂しか手にしていない。そんな焦燥感もありました。

たくさんの人が認めて、愛を送ってくれていたのに、当時の私はそういうものを受け取ろうともしていなかった。むしろ、褒められたり、賞賛されたりするたびに、「私のことなんか何もわかっていないくせに！」って、イライラして相手を攻撃したくなっていたんです。もう、つねに**ロックな状態**よ。一人でワーッとなって汗が飛び散って、怒鳴り散らしているような。ひどいでしょ（笑）。

お店は大繁盛したけれど、そこにいるたくさんのクライアントの方々を見ただけで、

「なんでこんなにいるのよ⁉」

って怒り出す私がいたの。当時はクライアントとのケンカも日常茶飯事でした。

自分が望むように相手が動いてくれない、望むような現実にならない。それらに対して一人でイライラしていた当時の口ぐせは

「私は一匹狼だから」。

今思えば**「あんた、それって嫌われているだけだからね」**ってことなのよ。たいてい自分のことを「私は一匹狼なの」とか言っている人は、嫌われ者なだけよ。

中国の思想に、宇宙のすべての事柄を「陰」と「陽」の二つの視点から分類する、陰陽論というものがありますが、まわりから見たら、お店にクライアントの方々はたくさん入っているし、スタッフを抱えてバンバン稼いでいるし、当時の私はきらきら光る「陽」に見えていたかもしれません。でもね、内面は不平不満、愚痴、言い訳が満載の、真っ黒い「陰」だったんです。**空虚感、不安、心配事、イライラ、孤独感で、私の心は爆発しそうだった**し、自分の力でどう制御したらいいのかもわからなかったのです。

そうして怒りをぶつけていたら、まわりが私のことを嫌ったり、無視したり、拒否したりしはじめたの。そうして、あれだけたくさんあったお金も、潮が引くようになくなっていきました。結局はお金も人も失って、億単位の借金を背負うことになったのです。

貧乏のどん底で私がしていたこと

私自身がまったく**自分の心と向き合おうとしなかった**ために、クライアントもスタッフもいなくなり、お金もなくなり、いろいろなものを失いました。でも、店の家賃や仕入れ先への支払いは毎月やってきます。

経営者ですし、人一倍プライドだけは高かったから、誰にも相談できませんでした。もう、どうしていいかわからないくせに「いいえ、大丈夫です」「私は大丈夫です」と、つい言ってしまう。全然大丈夫じゃないのに、いつも平気なふりばかりして。

そのくせ家に一人でいると、息が止まるような感じがして何も手につきません。「賃料の支払いはどうしよう」「お給料はどうやって工面しよう」「仕入れ先への支払いはどうしよう」……不安や心配事だけがドヨーンとのしかかってくるのです。

じっとしているとどうにかなってしまいそうで、毎晩うつろな目をして**夜の街**

を徘徊していました。この苦しさをやり過ごすには、歩くしかなかったから。

今振り返ると、私が宇宙に願っていた「仕事で大成功したい」「お金持ちになりたい」「幸せになりたい」という願いは、それだけ大きなことだったのだと思います。その反動で、宇宙から**「その前にこれだけは学んでおきなさい」**と、こんなに大きなことが起きてしまったのだと思うのです。

毎晩徘徊しているうちに、**どんどん感情が変わっていきま**

した。最初は不平不満、愚痴、言い訳ばかり。「なんであいつはいつもああなの⁉」「本当にみんなバカばっかり！」「私だけががんばっているのに！」と、**怒りや恨み**ばかりを抱えながら歩いていたんです。

それが何日かすると、だんだん**物悲しくなって**きて、歩きながら見ている看板や人や街並みが、どんどんぼやけていきました。多分、焦点が合わない目をしていたのだと思います。歩き疲れて公園のベンチに座って、浮浪者の方が目に入ると、「私もああなるんだ」とまた落ち込み、さまざまな思いで心が揺れました。

それまではいろいろな思いが高速で湧いては消えていたのですが、あるときからスローダウンしてきて「どうしよう……」「もう、どうしたらいいかわからない」「誰か助けて……」となってきたんです。ずっとフル回転で回っていた車輪が、だんだんゆっくりになって、最後にはコトンと止まってしまうように。

止まったときがどん底だったのだと思います。毎日歩きながら、ずっと自分との問答を繰り返してどん底までいったとき、もう**「死ぬ」か、「生きる」か**、二つの選択肢しかなくなってしまいました。

そのどん底で**「これから、どうする？」**と自分に問いかけました。するど不思議なことに**「この状況をつくったのは私。すべての原因は私。私が悪かったんだ」**という理解が、ようやくスコーン！と自分の中に入ったのです。そこで私が選んだのは、「生きる」でした。

そこから「もう今の自分にできることをやるしかない！」という気持ちにシフトしていきました。「本当のところ、自分はどう生きたいのか」「どんなことをして生きたいのか」を考え、「人に当たり散らして、人のせいばかりにしてきたけれど、**自分の機嫌は自分でとらなくてはいけない**」と、心底思いました。

このどん底の場所で、私の中のいろいろなタガ（＝ブロック）が外れたのだと思います。

銀行や取引先に頭を下げて「支払いを待ってもらえませんか？」とお願いし、待ってもらいました。また、唯一弱音を吐ける知人に自分の窮状を話したら、ポンと大金を貸してくださいました。そうなるまでは、自分の店の経営が危ないことなんて、その方にさえ言いたくなかったのです。

でも、いざ「少しだけ待ってください」「助けてください」と頭を下げたら、多方面から助け舟を出してもらうことができました。

そこから、どうやったらお金を生み出せるかを考えました。まずは自分が好きで、今までやってきたことをもとに何かできないかと考えたのです。その結果、これまで得てきた美容の知識や技術の集大成として、オリジナルのヘッドスパメソッドを編み出すことができました。講演に呼んでいただいたら、それを引っ提げ、全国どこへでも行きました。ヘッドスパのスクールもはじめて、お弟子さんたちに自分の技術を余すところなくお伝えするようにしました。

同時進行で「ヘッドスパをやるなら、オリジナルのシャンプーとトリートメントを開発したほうがいい」というアイデアがひらめきました。ディーラーさんから美容関連のメーカーさんを紹介していただき、商品をプロデュースする仕事もはじめました。

このようにして、自分がそれまではやったことのない仕事にも、次々とチャレンジしていきました。とはいえ、これらは全部、それまで培ってきた知識や技術のアレンジだったわけですから、ものすごく楽しかった。全部好きなことでしたから。

私はここで**「好きなことを超えた」**のだと思います。自分の好きなことだけを、自分のできる範囲でしているのは、単なるその人の趣味。でもね、世の中が求めていることで、自分がそれに応えられるのであれば、果敢に挑戦する。

はじめてのことでも、お声がけいただいたら、**最大限の力で応える。**

そんなふうにして、お金を生み出すチャンスを広げていきました。稼ぐって、そういうこと。身をもって知ることができました。

運が巡るきっかけ

自分にできることは何でもしながら、約1年かけて借金を返済し、事業を立て直していく中、クライアントに対する言葉使いにも気をつけるようになりました。すると、サロンに来てくださることへの**感謝の思い**がふつふつと湧き上がってくるようになったのです。クライアントの方々がわざわざサロンに足を運んでくださるのはあたりまえのことではない。ようやくそのことがわかり、感謝の気持ちが深まっていきました。

以前は人とのご縁なんて、まったく大切にしていませんでしたが、**ご縁の大切さ**にもようやく気づくことができました。手ひどく失敗し、人生の中のどん底を体験させてもらったおかげで、傲慢だった私はようやく**謙虚さ**を手に入れることができたのです。

とにかく自分にできることは何でもやろう。そうすれば、絶対にお金はまた生み出せる。そんな確信がどこかにあったからこそ精力的に動き、億単位の借金を返せたのだと思います。

心の豊かさ、お金の豊かさ、物質的な豊かさ。

本当の豊かさを手にしたかったら、この三つが絶対に必要なの。

心が整っていないと、お金は基本的に入りません。私の場合、お金と物質的な豊かさは手に入れられたけれど、心の豊かさをずっとないがしろにしていたのね。だから、一時大金を手にしたけれど、すべて失う羽目になってしまったんです。

結局はお金って、その人の本質＝心の状態が、その人を取り巻くお金という現象となって現れているの。だからこそ、**お金の流れを豊かに引き込みたければ、まずは自分の本質を知る**べきなのです。

表面的に、「ありがとうございます」「感謝します」と言ったり、ポジティブシンキングしたり、パワースポットに行ったりしても、なかなかお金や豊かさは手に入らないじゃない？　だってね、**人の本質は9割が不安、心配、怒り、ねたみ**などで占められているの。そういう自分にまず気づかないと、お金は入ってきません。

まずは自分と向き合って、**お金が欲しいと心から望む**ところから入らないとダメなのよ。その上で**不平不満、愚痴、言い訳をやめて、自分自身を愛して、心地よい気分でい続ける**必要があるの。

たとえば、いい香りのアロマを焚いてキャンドルをともし、ゆっくりお風呂に入ったり、自分のお気に入りのカフェで読みたい本を読みふけったり、自分で自分のことを抱きしめて「あなたは大丈夫。私だけはいつも味方だよ」と声をかけてあげたり、どうしても嫌いな人とは距離を取ったり。自分がホッとくつろげたり、ふっと肩の力が抜けたりするスペースと時間を自分に与えてあげることがものすごく大事になります。

これを続けていると、だんだんと自分の中のやさぐれた部分がおさまってきて、人の気持ちを汲《く》めるようになったり、人に対する感謝が湧いてきたり、いつもなら怒るところを冷静に対処できるようになったりするのです。

私の場合、不平不満、愚痴、言い訳を言い続けて、自分を愛さず、他人も愛さない、そして怒りや不安にまみれ続けていたから、億単位の借金を背負って、クライアントもスタッフもみんないなくなるという、すさまじい経験をすることになりました。

痛い目を見てようやく、自分は人様にどれだけひどいことをしてきたかに気づきましたし、当時のクライアントの方々やスタッフがどれだけ私に愛を注いでくれていたかということにも気づけたのです。

そこからなのよ。運がぐんぐん好転して、お金も仕事も好きなだけ引き寄せられるようになったのは。

宇宙とつながり、幸せな未来を選ぶ

「はじめに」でお伝えした光の玉から受けた説法で、私の所業が歩むべき道を外れてしまったことはわかっていたはずなのに、まったく気にもせず、やってしまいました。それもあって、手ひどいしっぺ返しを食らったわけです。けれど、そのおかげで再び正しい道に戻ることができました。

ここからは、説法や宇宙から学んだことをふまえて、富と豊かさ、幸せを手に入れるために必要なことをお伝えします。まずは本当の自分を知り、宇宙からのプレゼントであるお金を躊躇なく受け取っていくために、まず、宇宙と私たちの関係をお話しするわね。

宇宙には「神時間」というものがあり、その時間の尺度で見たら、私たち人間の一生なんてほんの一瞬の出来事。私たちの1日なんていったら、それよりもっと短いんです。そうしたタイムラインがいくつもあり、それぞれがパラレルワールドとして存在しています。

たとえば、あなたが会社の帰りに①お気に入りのパン屋さんに寄る　②彼氏とラブラブなデートをする　③急いで子どもを保育園に迎えに行く……などというように、実は**いくつもの未来が用意されていて、その中から日々、望んだ未来を選んでいるの。**

こうしたさまざまなタイムラインをまとめているのが**「統合意識」**といわれるもので、私たちの現実はすべてここからきているともいえるのです。あなたはまだ気づいていないかもしれないけれど、私たちは宇宙から「いつでも望むものを求めなさい」といわれています。

要は、**「なりたい自分に意識を向け続けなさい」**ということ。その際には、**ワクワク楽しいことをイメージする**ことが大切です。それと同時に、あなた自身が自分を愛して、自分を大切にすることで宇宙とつながりやすくなり、思いが実現しやすくなります。

だからこそ、つねに自分を心地よい状態にさせてほしいの。とはいえ、人間というのはつい不平不満、愚痴、言い訳を口にしてしまう生き物よね。

でもね、思いきりネガティブになって、文句や悪口を言いたいときは、言ったらいいの。そして、そういう自分も受け入れてあげるのよ。「そんなふうにいつも我慢しているんだね」「あなたは本当に毎日がんばっているよ」「私だけはあなたのことをわかっているよ」というように。

それをしながら、自分が心地よい気分になれるように、自分で自分の機嫌をとる練習をするの。そうやって練習を重ねるうちに、自分の感情を自分の中で感じて受け止めて、**自分で自分を幸せにする**ことができるようになっていくのです。

人生には成功か大成功しかない

私のクライアントの方々はよく「失敗するのがいやなんです」と言うけれど、**この世には失敗なんてありません。すべては経験**なのよ。

そしてその経験の先には、**成功か大成功しかない**の。大人になるとみんな忘れてしまいがちだけれど、何かができるようになるために、私たちは練習しなければいけないの。

たとえば、自転車に乗るのだって、いきなり乗れた人なんてほとんどいないでしょ。友だちと自転車に乗って遊びに行きたいから、遠くまで行ってみたいから――そんなワクワクした思いを持ちながら、怖いけど、でもやってみよう！と、自転車に乗る練習をしたはずなんです。

そうすると、もちろん転びそうになったり、派手に転んだりするわけです。でも、それすら成功と考えたらどんな感じかしら。「転びそうになったけど、身体を支えるのに成功した」「派手に転んだけど、うまい転び方に成功した」という具合に。

そして、見事に乗れるようになったら、「乗れるようになった！　大成功！」となるでしょう。**ほんの少し意識を変えるだけで、その先の未来はまったく別物になっていくの。**

それでも私たちは小学校、中学校を経て、団体生活や人間関係や恋愛などからさまざまな体験をしてきて、「どうせ私には無理」「私はいつも人に嫌われる」などの思いを無意識のうちに身に着けてしまっているんです。そして、大人になってからも、もうそのときの同級生や先生や先輩は目の前にいないのに、それと同じことを繰り返してしまうのよね。

たしかに、小学校6年生のときはA子ちゃんに嫌われて意地悪をされていたかもしれない。でも、職場のE子さんがA子ちゃんと似た雰囲気だからといって、またE子さんにも嫌われて意地悪されるとは決まっていないのよ。

もし、E子さんに意地悪されたら、相手に対して「どうせ私は」とか「どうせ聞いてもらえない」とか、そんな感じで接していないかしら。気前よく笑顔で明るく接しているかしら。そういうことをちょっと意識してみるだけでも、意外と関係性がうまくいくことって、たくさんあるのよ。

それでも、どうがんばっても相手がいやな人だったら、トイレ行くふりしてとっと逃げればいいし、何かあったら「ケッ！」って言ってやりゃいいのよ。「なんだよ、おまえ！」って言ってから、逃げればいいでしょ。いまだに私もこういうことは、よくやっております（笑）。

この人生に起きる出来事をたくさん楽しんでいくこと。だって、人生には成功か大成功しかないのだから。それを知るための経験なら、いくらあってもいいと思わない？

そうそう、こういう人もいるのよね。「○○さんにひとこと言いたいけど、私が言ったら傷つくかもしれないし……」って。こういう話を聞くと、「お前は占い師か！」

と言いたくなるわ。**相手の気持ちなんて、100年考えたってわからないのよ。**そんなこと考えずに、自分の気持ちを伝えてみればいいじゃない。そうしたら、相手がそれをどう受け取るかわかるから。

相手に気を使うなら、もっと自分に気を使ったらどう？　だって、あなたはその人に言いたいわけでしょ。それも言葉による挑戦だし、行動だと思う。**成功か大成功を体験するには、挑戦と行動が必要。**すると、私たちの中の強・金・龍のエネルギーが動き、強運、金運、龍神とすべてのエネルギーが活性し、お金や富や豊かさを引き寄せはじめます。私たちは強・金・龍そのものなの。この最強の龍を躍動させていくには、行動と挑戦のどちらも大切ですから、覚えておいてくださいね。

富と豊かさを引き寄せる最強法則

お金というのは等価交換のツールですから、自分が挑戦したい、この人生でやってみたいと思った、経験や知識を手に入れるために必要なものなの。お金はそのための道具に過ぎないということを知っておいて。それが豊かに、幸せに生きることだと思っています。

まずは、**自分を愛して、自分を大切にして。**そうすると、自分がどうしたいのか、どうなりたいのかが見えてくる。

お金が手元にあればあるだけ使ってしまう人もいるけれど、その前にまずは自分が何をやりたいのか、そしてどんなことに挑戦して、どんな自分になりたいのかをよく知ることが大切ね。そうやって**自分を知れば知るほど、自分が**

何をしたいのかが見えてくる。それが「欲」というものなの。その欲を満たすためにはお金が必要、となってくるのよ。

では、どうするかといったら、仕事をもう少し増やさないといけないな、親が資産家だから少し助けてもらおうかな、定期預金が満期になるから少しお金が入るなとか、クラウドファンディングでまわりに助けてもらおうかな、というように脳が勝手に考え出してくれるのよ。ただし、闇金からの借金はダメよ！

自分がやりたいことを叶えるために脳が働き出すと、いろんな方法が見えてくるから、それを自分で認めて、行動しましょう。そして、「やった、できた！」というところまで、自分で自分を連れて行ってあげるの。そういった経験が、自分自身を豊かにするのよ。そのために、まずは**もっともっとイメージを膨らませて、妄想してみましょ。**

たとえば、パン屋さんを開きたいなら、お店を開いて、お客様に「ここのパン、すごくおいしい！」と言ってもらっているところまで想像しないとダメよ。そのパンのにおいや触感までわかるくらいにイメージして。すると、だんだん気持ちが高まってきて「本気でパン屋さんになりたい！」となれば、友人や家族や先輩などいろいろな人に「パン屋さんをするにはどうしたらいいんだろう？」と、聞いてみたりしはじめるんです。

そしてさらに、パン屋さんをはじめたら、集客をするにはどうしたらいいか、どんなキャンペーンをするか、ポイント制度を取り入れたらどうかなどと考えていくと、どんどん楽しくなっていくと思うんですよ。

より具体的に考えることが、強・金・龍を発動させて、金運を高める引き寄せにつながります。

お金が欲しいという人に、「（運河のような）お金の流れに手を突っ込みなさい！」とよく言います。でも、手を突っ込むのはいいけれど、それで**幸せにならなければ意味がない**のよ。お金を持っていても、うつろな目をして生きている人を、私はたくさん見てきました。だから私は、お金を持っていても幸せな人生にしたいと思うし、あなたにもそういう人生を送ってもらいたいと思います。
この仕事で、たくさんの人に喜んでもらえた。そこで得たお金でスタッフや家族がみんな食べていかれる。そういう幸せがたくさん重なることで、私たちはお金があっても幸せという現実を味わうことができるのだから。

お金が欲しいなら「自分に○○○万円の収入がある」「そのお金で高層マンションを買おう」「そのお金で外車を買おう」とか、そこで終わってはだめ。お金を使うことで、**自分自身が幸せを感じて、さらに誰かを幸せにしている**ところまで思い描くのよ。そうしないと、本当には幸せになれないってことね。

お金持ちになるのなんて、本当はものすごく簡単なの。それをみんな勘違いしているのよ。結局、宇宙がさまざまなことを私たちに体験させてくれているの。あなたが思った「こうなりたい」という思いを実現するために。だから**つらい体験や**

いやな体験のあとには、絶対にうれしい体験が待っています。あなたが「こうなりたい」と願ったことが、そこで待っていてくれるはずなのです。

自分の本質がともなっていないと、お金は定着しないし、幸せになれないのよ。「お金があったら幸せになれるのに」って、皆さんおっしゃいますけど、そうじゃないの！　まずは自分の性根をきれいにして、そのままの状態で幸せになっていく必要があるの。そうすれば、自然とお金も豊かさもすべてが手に入るようになります。そうして**「お金があっても幸せな自分」**になっていく。

だから、**「私はお金がなくても幸せ」に留まり続けちゃだめよ！**　それだと偽善者になってしまうから。だって、この本を手に取ったということは、あなたはお金が欲しいのでしょう？　今よりもお金持ちになって豊かな人生をつくりたいのでしょう？　だったら**「お金が欲しい！」**と強く願わなくちゃ。そのためにはまず、本当の自分というものを知らなくてはいけないのよ。

**あなたは何をしたいの？
どうなりたいの？
どう生きたいの？**

本当の自分なんて、全然わからない……という方も、ご安心なさって。本当の自分を知るための最初のワークを52ページにご用意しています。スピリチュアルカウンセリングでもよく用いている手法を、一人でも楽しくできるようにアレンジしてみました。ぜひ、こちらも試してみてくださいね。

お金への制限を外す！　お金持ちワーク①　夢を思い描く

これはスピリチュアルカウンセリングの際に、よく用いている手法です。まずはどんどんお金に対するタガを外して、あなたの夢を自由に思い描いていきましょう。

たとえば、こんな感じにね。

竜庵「今、月にいくら欲しい？」

クライアント「50万……くらい」

竜庵「本当にそれでいいの？　100万は？　200万は？　500万は？」

クライアント「……100万かな」

竜庵「仕事も土日月火が休みで、それで月収100万というのはどう？」

クライアント「それだったら、めちゃくちゃうれしい！　がんばれる！」

竜庵「それがあれば、どんなことができる？」

クライアント「シャネルのバッグが買えるし、ハワイにも行ける〜！」

竜庵「そうしたらグッチも買えるよね。ハワイはやっぱりファーストクラスかしら」

クライアント「そう、ホテルも超リッチなところで。キャ〜、楽しい！」

竜庵「ハワイで、超イケメンの優しい彼と出会ったりして！」
クライアント「日本語ペラペラでスタイルもいい独身の人がいい！」
竜庵「そんな実業家に見初められちゃうのよ」
クライアント「わあ、運命的な出会い！」
竜庵「その弟もまたイケメンでお金持ちで、あなたを兄弟で取り合ったりして」
クライアント「悩みながらも、運命の出会いのお兄さんを取るかも〜！」

ここで言葉にしたことが現実に形になっていきますから、思い着いたことはどんどん言葉にしていきましょう。そして、このワークの**肝は、ウキウキ、ワクワク、楽しい気持ちでやること。**そうすることで、現実化のスピードが加速します。

もちろん、私もこれをずっとやってきました。やり方はいたって簡単。ぜひ、あなたも思う存分夢を描いてみて。そうするほどに、あなたの中の強・金・龍は上昇気流に入っていきますから。

自由に夢を思い描く

手順

①欲しいものリストをつくる

お気に入りのノートを用意して、そこに「欲しいもの」を書き込みましょう。今、何が欲しいか、どんな場所に住みたいか、どんな仕事をしたいか、その仕事は週休何日で年収いくらか、どんな恋人が欲しいか、その人はどんなふうにあなたを大切にしてくれるか、どんな人たちと仕事をしたいか、どんな仲間が欲しいか、どんな友人に囲まれていたいか、家族とはどんな関係でいたいか　など。

あなたの中で思いつくことをかたっぱ

しからノートに書き記してみましょう。

②リストをもとに想像の翼を広げる（＝妄想ともいう）

書き記したリストをもとに、想像の翼を広げていきます。私はこういう妄想が大好き！　あなたはどんな妄想を繰り広げていくのかしら――「あらあんた、そんな家賃の安いところではなくて、もっといいところに住まない？」「ワクワクするよね。どこに引っ越す？」「今は１ＬＤＫだから次は２ＬＤＫ？　でもちょっと狭くない？」「じゃあ、車は何に乗る？」「時計はどれを買おうか」「おいしいもの、食べに行かない？　何を食べる？」というように、自分で自分に問いかけながら、じゃんじゃん妄想を広げていって！

③リストをつくりながらワクワク感を感じる

自分で自分に問いかけながら、どんどん欲しいもののリストを膨らませていきます。そうすると、勝手にストーリーが浮かんできたり、インスピレーションが降ってきたりすることもあるから、そういうことも全部ノートに記しておくの。このノートに書いたことは全部現実になるんだと思うと、どう？ ワクワクしてこない？
私はマジメジメジメに仕事なんかしていないで、いつもこんなことをして自分で自分の気分を上げて、じゃんじゃんバリバリ仕事しております（笑）。

とにかくお金は大きな運河ですから、スーッとその流れに手を入れて、自分のほうに引き寄せればいいだけなの。そうして**まず自分が幸せになるの。**

それから、他人のことも幸せにできる自分になっていけばいいの。このやり方なら誰にも迷惑をかけないし、現実化は早いし、ワクワクするし、おすすめよ。

このワークだけでお金がまわりはじめる人も多いけれど、さらに**自分を磨いていくと、もっともっと宇宙から愛されてお金が入ってくる**ようになります。

このやり方は、まだほんの小手調べ。次のパートからさらに詳しく、お金と豊かさを手に入れるための方法を具体的にお伝えしていきます。強・金・龍のエネルギーを高め、お金や豊かさを手に入れて幸せになりたいなら、**本気ぶっこいてやりなさいよ！**

パート
2

だからあなたは幸せになれない

「自分の機嫌は自分でとるのよ！」

「いいフィール」女子VS.「だめフィール」女子

あなたのまわりにも、こんな人たちはいない？　格別美人というわけではないけれど清潔感があって、自分の意見は正直に言うけれど、周囲の人たちとも楽しく過ごしている。仕事も順調で、自分がやりたいことをやりたいようにやっていて、お金も豊かに楽しく循環させている。しかも、素敵なパートナーにも恵まれていて、肌艶もよく健康で、いきいきと自分の人生を生きている。

こういう女子たちは、自分自身を心地よく整え、良い運気の流れにのっているのよ。常によい感情で満たされている**「いいフィール」女子**ね。

一方、いつも不平不満、愚痴、言い訳ばかり言って、自分を抑圧してばかり。仕事や人間関係でトラブルが勃発。お金にもパートナーにも恵まれず、肌荒れや体調不良

いいフィール女子
感謝
楽しい
ワクワク
不平
不満
愚痴
言い訳
ダメフィール女子

に悩まされてばかり……。こういう女子たちは、負のエネルギーのスパイラルにはまり、どんどん不細工になっていく**「だめフィール」女子**よ。私のスピリチュアルカウンセリングやサロンのクライアントでもこういう人たちがいるけれど、そんなときはズバッと言ってやるのよ。

「あんた、『だめフィール』ね」って（笑）。

最初に言っておくわ。

「だめフィール」女子のままでいたら、お金や豊かさなんて一生巡ってこないからね！

お金を呼び込むには、いつも「いいフィール」でいることを目指しましょう。そのためにおすすめなのは、一日の中に必ず**「うっとり時間」**を持つこと。心身に潤いを与えるような幸せな時間をつくるの。たとえば美容院へ行く、スパに行く、エステに行くというのもいいわね。お気に入りのカフェでおいしいスイーツを食べたり、友だちとご飯会をしたり、デートをしたり。

このときに大事なのが、**心地よい状態で自分と対話する**こと。「これは本当にしたいこと？」「今、私は本当に幸せ？」「気持ちよさを感じている？」って、自分に聞いてみて。

ここは本当に自分に正直であってね。それで、答えがＹＥＳなら、そのまま楽しみましょう。答えがＮＯだったら、それはさっさとやめていいの。そして、自分の気持ちがＹＥＳになることを見つければいいんです。

そして、自分にとって心地よい「快」の行動をすることで、運は巡っていきます。もし「最近の私はいつもイライラしてる」「不平不満、愚痴、言い訳が多いかも……」などと感じるときは、積極的にうっとり時間をつくりましょう。

そうそう、パート１の最後のワーク、もうなさった？　あそこで感じたような「なんだかワクワクする！」「楽しい気分になる！」ということも「いいフィール」女子でいるための一つのコツですから、覚えておいてね。

結局、運の巡りというのは、体中に血流を巡らせるのと同じ原理。ですから、「いいフィール」でい続けるためには、のんびりしたり、お風呂に入ったりして、副交感神経が優位になるリラックス状態にするのも効果的。

私がすべて失い、ネガティブにまみれてどん底だったとき、夜の街を徘徊していたけれど、無意識のうちに身体を動かして、何とか自分の中の強・金・龍を動かそうとしていたのかもしれないなと思うのよ。

もし、それでも愚痴や悪口がやめられないのなら、もうずっと言っていなさい!! 飽きるまで言っていいのよ。そんな状態の自分は「運が悪いんだ……」と思って。そういうときって、人の意見も聞けないし、まわりはみんな敵だと思っているから。それでもう、本当は死にたいくらいにつらいのよね。

私はあなたを無理やり、ネガティブなことがいっぱいの「陰」の世界から、ポジティブで心地よい「陽」の世界に連れてくることはできません。「**今はそうやって苦しむのが学び**なのね」と思いながら、見守ることしかできないの。

苦しんでもがいて、不安になっている自分に酔いしれる――それをとことんやって、もうその「陰」の世界にいるのがいやになったら、喜びや感謝と愛と光でいっぱいの「陽」の世界に戻っておいで。**「陰極まれば陽になる」**という言葉どおりにね。

私自身がそうだったから、わかることもたくさんある。そういう女たちでも、本当にどん底を見た人たちは、やっぱり自分で変わろうと動き出すのよ。だから、私はそのタイミングをずっと見守っているんです。

陰陽どちらの経験も積んでいくこと。経験を得ることにケチケチしないこと。そうした出来事を通じて自分と向き合うことで、あなたの中の強・金・龍の力を高めていくことができます。

我慢やただ苦しい努力はＮＯ、望む未来をつくる努力はＹＥＳ！

日本人は我慢や努力を美徳と思いがちだけれど、**ただ苦しい我慢や努力は「だめフィール」のもと。**逆に、自分が望む未来をつくる我慢や努力は、「いいフィール」をつくるために必要なことなので、この違いはしっかり覚えておきましょう。この二つの違いについて、仕事を例にお話ししますね。

「もう仕事をしたくない！」「会社に行きたくない！」という気分になることは、誰にだってあると思います。だからといって、そう簡単に仕事は辞められませんよね。「いいフィール」を保ちたいなら、そういうときは自分にこう問いかけるの。

「私はなぜ、この仕事を選んだの？」

「適当にやっていればお金がもらえると思った？」

「なぜ、この職場にたどり着いたの？」
「私が選んでここに来たのよね？」

すると、自分の中にさまざまな思いがあることに気づいていきます。「やる気いっぱいで入社したのに、人間関係に疲れてしまったんだ」「ただ単に受かったから入ったけれど、結構この仕事が好きになっているんだよね」などというように。

そうした思いが見えてきたら、今度は我慢できること、我慢できないことを、自分との対話で明らかにしていきます。

自分の気持ちがはっきりしたら、その中で**やるだけのことをやって、それでもだめなら次の道を探す。**人生って、そういうことの繰り返しだと思うんです。

逆に「だめフィール」女子は、会社がいやなことを人のせいにするのよ。
「なんで私ばっかり……」「なんで私がそんなことを……」「なんであの人はいつもあ

あなの?」というようなことをずっと言っているの。

「聞いてくださいよ!」という女も同じね。とにかく自分がどれだけかわいそうか聞いてほしいの。そうして慰めてほしいだけなの。「だめフィール」女子たちは、たいていが**大人の皮をかぶった、だだっ子**ね。何を言ってもマイナスにとらえたり、不平不満、愚痴、言い訳しか言わなかったりするの。そうして**そこから一歩も動こうとしないのよ。**


自分でこうなりたいと思うことがあれば、自分から動かなくちゃ。

「いいフィール」女子は、現状に不満があれば話し合いを重ねて、自分と相手にメリットがある**WIN-WINの関係**をつくろうと努力します。

お互いがWIN-WINの関係でなくなると、途端に人は疲弊するし、不安になるの。けれど、ともにその関係を目指すことができれば、問題を解決するためにいろいろな解決策を考えられるでしょう？　そのうえで「あと半年だけ様子を見てみよう」「自分からもう少し働きかけて、どこまで変えられるか試してみよう」と、妥協点を見出すことができるんです。

このように努力していると、自分はどこまでなら許せて、どこからは許せないのかが自然とわかってきます。その限界点を越えたのは、お給料なのか、休みなのか、人間関係なのか。そこが見えてくると、次の展開にも必ず役立ちます。

感情の周波数を高めて波動を上げる

量子力学でもいわれているように、私たちの身体も感情も、この世のすべては素粒子でできています。この素粒子は固有の周波数（振動数）を持っており、波動といわれています。この世のすべての物は波動でできています。波動というのは振動数（もしくは周波数）でもあり、それぞれのエネルギーの性質を表しています。

そして、感情の周波数というものが、私たちの心の在り方に大きな影響を与えています。**心の周波数は、ダイレクトに現実に影響を与えます**から、できるだけ「いいフィール」でいたいもの。感謝やワクワクや喜びの状態でいるほど、自分の周波数は高まるし、不安や恐れや悲しみの状態でいるほど、周波数は低くなるのです。外側に向けて発する周波数に、同じ周波数のものが引き寄せ

周波数の高い言葉
（最幸言葉）

ありがとうございます／
感謝いたします（感謝）

愛しています（愛情）

幸せです（幸福感）

ツイています（ポジティブ）

楽しいです／うれしいです／
素敵です（満足感）

周波数の低い言葉
（六戒言葉）

不平不満

愚痴

悪口

文句

言い訳／泣き言

られます。
たとえば、夏休みはハワイに旅行に行こうと決めて、ものすごくワクワクしているとしましょう。そうすると、なぜかハワイの広告が目についたり、ハワイ関連の情報が自然と集まってきたり、久々に連絡がきた友だちがすでにハワイに住んでいたり……。あなたのワクワクをさらに高めるようなことが現実に起きはじめるのです。

私のまわりでも、つい最近「ねえ、街中にボルボが増えたわね」と言う友だちがいて、それを聞くたびに「そんなの知るか！　そこまでボルボ、走ってないわよ！」と思ったの。それでもよくよく聞いたら、その人は最近ボルボを買ったっていうのよ。笑っちゃったわ。でもね、**自分が発する周波数によって見える世界が違ってくる**というのは、私たちのまわりで日々起こっている事実なの。

ということは、自分が発している周波数がネガティブなものだったらどうなると思う？　私のまわりにいる「だめフィール」を続けて周波数が低くなっている女は、ネットなどで検索しては、陰謀論とか都市伝説ばかり見て、自分の中の不安をあおっているのね。負のスパイラルにはまると、フォーカスするものの周波数も低くなるから、どんどんおかしなものを引き寄せてしまうんです。そうして自分で自分の運気を悪くしてしまうのよ。

そういうときこそ、自分で自分の周波数を上げていくことが大切なの。一番簡単なのは、**言葉から変えること**ね。**「ありがとうございます」「愛しています」「感謝いたします」「楽しいです」「うれしいです」「素敵です」「幸せです」「ツイています」という最幸言葉を口にすること。**

そして、周波数を下げてしまう**「不平不満」「愚痴」「泣き言」「言い訳」「悪口」「文句」といった六戒言葉は意識して**

使わないこと。

言葉には言霊の波動が宿っていますから、こういうものもぜひ利用してみて。絶対に損はしないから！

そのほか、周波数が高いものにどんどん触れることもおすすめです。たとえば、いい映画を観たり、いい本を読んだり、素晴らしい絵を観に行ったりするのもいいでしょう。結局、思考が現実を引き寄せているから、その思考からまずは変えていくのよ。強・金・龍はポジティブな感情の周波数を好みます。あなたがご機嫌でいれば、お金や豊かさや望むものを引き寄せる力も確実に強くなっていきます。

あなたが宇宙とつながれない理由

私たちが「いいフィール」でいればいるほど、宇宙とつながりやすくなり、強・金・龍の動きが活性化され、願いが叶いやすくなります。逆に、願いがなかなか叶わないときは、自分と宇宙のつながりが遮断されてしまっているということなの。では、どこで遮断されてしまっているのでしょう。私たちは**自分からはじまり、家庭、地域、国、人類、地球というステージを経て、宇宙とつながっています**（77ページ参照）。

それぞれのステージでブロックをつくってしまうと、その先ともうまくつながることができません。たとえば、最初に自分がいますよね。自分に対して「私はどうせダメ」「私は何もできない」「私は幸せになれない」などの思いがあったら、それらがブロックとなり、そういう現実しかつくり出せなくなります。

同様に、今度は自分を取り巻く家庭でのブロック。たとえば、親から「本当にバカな子ね」「かわいくない子ね」「お姉ちゃんはできがいいのに、あなたはダメね」などと言われたことによる心の傷が、ブロックとして残っていることもあるでしょう。

地域というのは高知県や長野県、東京都など、自分の出身地もしくは今住んでいる場所の地域性に関連します。都心部に行くほど、人間関係は希薄でドライになり、田舎に行くほど人とのつながりが強くなる傾向があります。周囲を気にして、「○歳には結婚して○歳には子どもがいないと恥ずかしい」「この年でこんなことをするのはおかしい」など、自分の本心を押し殺して生きていると、それらが心のブロックとなることが本当に多いのです。

また、「日本人ならこうするべき」などの集合的な意識の押しつけがブロックを生み出すことがあります。人類としての場合は「人として恥ずかしくないように」「人としてこうあるべき」などの意識から派生した心の傷がブロックになります。そして行動の星・地球においては3次元の世界における二極化（善と悪、男と女、月と太陽、貧困と富裕　など）によって、私たちは葛藤し、心の中にブロックをつくっていきます。

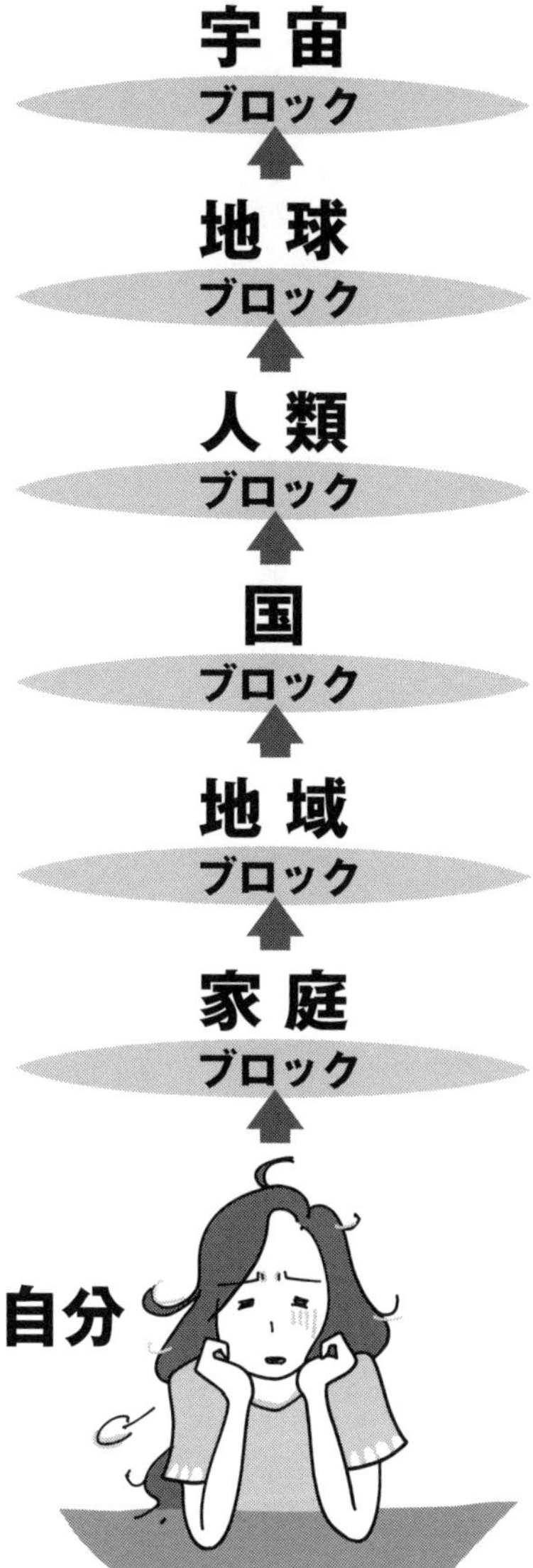
宇宙
ブロック
地球
ブロック
人類
ブロック
国
ブロック
地域
ブロック
家庭
ブロック
自分

こうしたブロックを外す際に大事なのは、**自分、家庭、地域、国、人類、地球、宇宙で起きているすべての出来事に感謝すること。**

たとえば、今のこの日本という安全な国に生まれ、食べ物があり、紛争のない場所で暮らしていることに思いをはせたら、やはり感謝が湧いてくると思うのです。家族との確執があったとしても、あなたが今こうしてここに生きているのは、家族があなたの世話をして育ててくれたから。

そのように考えていくと、一見つらいように見える出来事でも、そこには必ず感謝できることがあります。私たちがよりよく生きられるように、宇宙がさまざまな出来事を仕向けてくれていることを感じられると思います。

もちろん、つらい思い出やいやな出来事はすぐに忘れたりなんてできないと思う。けれどその一方で、それでも今、あなたがここに生きているという事実に目を向けてみて。そうすると、少し世界が違って見えてこない？

マジメジメジメ女に幸せはない！

お金が欲しい！　豊かになりたい！　幸せになりたい！と思うなら、もう**マジメジメジメ女なんかやめるのよ！**　だいたいね、今の日本はマジメな女が多すぎるの。「〇歳までには結婚したい」「仕事というのはこうするべき」「男性とはこうつき合うのが幸せ」「女の幸せはこうあるべき」など、さまざまな外側のルールに一生懸命合わせようとしているでしょう⁉

外側の軸に自分を合わせようとしている限り、あなたに幸せはこないわよ。　本当に大事なのは、自分の内側の軸、正直な気持ちを大切にしながら生きることなのよ。そうやって、まずは**自分自身を自由にしてあげることが、幸せへの第一歩**なの。そうすることが「いいフィール」につながり、強・金・龍を味方につけることにもなるのだから。

「いいフィール」女子ってね、意外とマジメじゃないの。会社に行きたくない日は、ちゃっかり会社を休むのよ。自分の気持ちに忠実に生きるための言い訳も、すごくうまいのね。

好みのイケメンがいたら、ほっとかないわ。すぐに彼に対して目配せをします。その人のことを軽く褒めながら、「すごいですよね!」「オドロキー!」なんて驚いてみせて、「あなたってすごく素敵!」という内容の言葉を連発します。そして「私もそれ、やってみたかったんです。今度ご一緒させていただけませんでしょうか?」と言って、隣に滑り込みます。だいたいね「いいフィール」女子って、自意識過剰でイケメンに近づくのもうまいの(笑)。でも、脈ナシと判断したら、さっさとあきらめるのよ。相手に執着すると「だめフィール」に陥っていくからお気をつけあそばせ。

お気に入りのショップに行って、自分が好きな服があればなんでも試着します。似

すてき♪

合うか、似合わないか、買うか、買わないかなんて、「いいフィール」女子には関係ないんです。店員に「お好みのものはございましたか？」と聞かれたら「全部、好みです！」と答えます。でも、買わない。**「だって、お金がないんだもん！」**なんて言いながら、平気でそういうことができるのね。

どう？　今の話を聞いて「え、それは大人としてどうなの？」「私はそんなことしたくない」と思った人は、マジメジメジメ女よ！

一度、**自分の気持ちに忠実に、やりたい放題やってみなさい。**だって、自分に無理せず素直にしていたら、それだけで気持ちよくないですか？　マジメジメジメ女は、こういうことができないの。そうして「どうせ私は買えないし……」「私には似合わないし……」という「だめフィール」に入っていってしまうのよ。

それよりも、自分が欲しいものを試着したり、ウインドウショッピングをしたりすることで、どんどんイメージが膨らんでいきます。そうしてなりたい自分をイメージしていくと、今度はそれが現実世界に現れてきますから。

シャネルやグッチやブルガリなどのハイブランドが好きなら、ものおじせず、堂々とショップに入ればいいのよ。店員さんにバッグや服や靴について、いろいろ聞いてみてください。そういうお店の方々はそれなりの接客スキルを身に着けていますから、話をするだけでも豊かな気分を味わえますよ。人の目なんて、考える必要はないの。とにかく**自分が豊かでリラックスして幸せな状態になる**ことが大事なんです。

引き寄せに必要なのはイメージと感情

私は毎日、口ぐせのように**「最幸！」**と言っています。そして、何かにつけて「最幸！」と書くようにしています。この「最幸」という言葉は、**引き寄せの最強ツール**だから。自分もまわりも、もっとも幸せな状態になるって、究極の幸せだと思わない？　そんな気持ちでこの言葉を気前よく使っているから、私自身にはもう**最幸のことしか起きなくなっている**の。

たとえば、サロンの商品が発売から2日で５００箱完売したり、お世話になっているクライアントの方に呼ばれて行ったら、高級レストランでごちそうになったり。出版社に持ち込んだ連載企画やメーカーに持ち込んだ商品企画はバンバン通るし、有難いことばかりが起きています。数え上げたらきりがないくらい、毎日ツイています。

幸運引き寄せの方程式

こうなりたい（望む現実をイメージ）

×

楽しい、ワクワク（イメージした時の感情）

＝

望む未来の現実化

こうなりたい

×

きっとできない・難しい

＝

望まない未来の現実化

だからワクワク楽しく、毎日にこやかに過ごせるの。

なかなか**引き寄せがうまくいかない人は、口に出す言葉と本音が違う**の。望みを口にはするけれど、心の中で「どうせ叶わない」「私には無理」「私にはできない」と思っているはずなの。まずは心の中のそうした思いをクリアにしていかなくてはダメね。

そんなときに役立つ「さなぎから蝶へ─変容のワーク」をこのパートの最後に紹介しているので、どうしても引き寄せがうまくいかないときは、お試しあれ。これをすることで、今よりももっと自分を愛せるようになり、強・金・龍を味方につけて豊かさの流れを引き込むのが上手にできるはずですから。

すべては心が決めている

自分自身の波動が高まれば高まるほど、それが磁石のように、お金や豊かさを引き寄せる力も強くなります。あなたの中の強・金・龍が自由にのびのびと上昇気流に乗っていると、簡単にこうした状態に入れるの。なぜなら、**すべてはその人の心が決めているから。**

たとえば、２ｍ先の崖に飛び移ろうというとき、「いいフィール」女子は、勇気をもって飛んで、次の展開に進みます。けれど「だめフィール」女子はできない理由を探して、まわりの友だちと「やっぱりできなかったね。怖いね」「私たちには無理なんだよね」などと言って、何もせずに終わらせようとするの。挑戦も行動もしようとしない。そういう女には、**「死んでしまえ！」**と思うわ（笑）。

確かに、怖いのはわかる。２ｍ先の崖だったら、絶対に落ちるもの。だけど、それでも腹くくってやらなければいけないときはやるのよ。

もし落ちたとしても、崖の出っぱりにでもへばりついて、そこから登っていけばいいじゃない。何もきれいに飛び移れなくたっていいのよ。そのくらい、自分に挑戦させてあげたっていいんじゃない？

あなたが何十年生きてきたか知らないけれど、30代、40代、50代、いえ60代だとしても、**体験してみないとわからないことって、まだまだたくさんある**のよ。本に書いてある知識だけでわかった気になっても、あなたは体験していないでしょう？　本で読んだだけ、誰かに聞いただけよね？　人生を豊かにしたいなら、あなた自身もやって、自分の体験として落とし込んでみなきゃ。１回やってみて、だめでもいいじゃない。そうしたら、また挑戦すればいいだけの話よ。

あなたのまわりにもいない？　「留学したい」「結婚したい」「ベリーダンスしたい」「彼氏が欲しい」とか言いながら、「でもお金が……」「今さら婚活もね……」「こんなお腹、出せないし……」「私、もう年だし……」と自分で言い訳を考えて、何もやらない女たち。こういう人たちは、自分を愛していないの。

なぜなら、自分が「やってみたい」と思ったことを自分にやらせてあげるというのも、自分に対する愛の形の一つだから。そうやって**一つずつ、自分自身に許可を出す**の。自分の思いに忠実に生きることで、人生はどんどん充実していきます。お金も幸せも愛も喜びも、豊かに流れ込むようになります。

「許す。でも許せない……」それでも許す！

許すというと、たいていは家族や友だちや恋人や職場の人たちを許さなくては、と思いがちだけど、違うのよ。まずは、そういう周囲に対してイライラしたり、ムカついたり、怒鳴ったり、不平不満、愚痴、言い訳を言っている自分自身を許してあげるの。それから、相手を許してあげるのが本当の順番なの。

でも、**「自分を許す」**といわれても、何をしたらいいかわからないという人もいるわよね。そういうときに使えるのが**言葉、言霊**なの。自分の内面が荒れているときに、まずは**「私は大丈夫」「私はツイている」**と自分に言い聞かせます。すると、「はぁ？　大丈夫なんかじゃないじゃない！」「全然、ツイてなんかいないじゃない！」という思いがたくさん出てくるわよね。そこから、自分との対話をしてほしいのです。

「大丈夫なわけないじゃない！　なんで私ばっかり、こんなことしなければいけないの!?」「なんで私が謝らないといけないわけ!?」など、正直になればなるほど、いろいろな思いが出てくるのよ。

そういう思いを自分で認めながら、「そうだよね。そう思うのは仕方がないよ」と、自分を許す。そうしたら今度は、相手を許すのよ。それには、自分から変わらなければいけない。そうはいっても、腹の中の怒りはおさまらない。そんなときはまた、自分との問答を繰り返すのよ。

「でも、許したくないでしょう?」「気持ちはわかるよ。でも、許さなきゃいけないの」「そうだよね。許したくないんだよね。でも、許すしかないの」って。

こういう問答を繰り返していると、そのうち**「まあ、いいか」**という心境になっていくのよ。この繰り返し。**自分を許し、相手を許す。**それに効く特効薬なんかなくて、毎日のこうした自分の中での問答が、自分自身を成長させ、自分の機嫌を自分でとれるように導いてくれるのよ。

ご機嫌な女から幸せになっていく！

自分で自分の機嫌をとれるようにならなければ、豊かさや幸せは手に入りません。

それは、私自身がこれまでの失敗から学んできたことだから間違いないわ。

自分の傲慢さのせいでお金にも人にも嫌われ、何億もの借金を抱えたときから、自分の機嫌は自分でとらなくてはいけないということに気づいたの。


そのときにまず私がやったのは、**最幸言葉を使う**こと。言葉は言霊ともいわれて振動数をもち、それを口にすると自分自身の振動数が上がり、波動がよくなるからです。スピリチュアルカウンセリングや、サロンのクライアントの方々にも、仕入れの業者さんにも、とにかく目の前の人すべてに、「ありがとうございます」「愛しています」「感謝いたします」「楽しいです」「うれしいです」「素敵です」「幸せです」

「ツイています」という最幸言葉を投げかけるようにしました。
そして、周波数を下げてしまう「不平不満」「愚痴」「泣き言」「言い訳」「悪口」「文句」といった**六戒言葉は封印**したの。

それと並行して行ったのが、環境を変えることでした。つまりは**断捨離、部屋の掃除**ね。もし今できるのであれば、**引っ越しもおすすめ**します。そのようにして環境が変わると生活が変わる。生活が変わると行動様式が変わる。それによって、**自分自身を変えるサイクルが早まる**の。

新しい自分に生まれ変わるためには、今まで溜め込んできたモノ、コトをすべて捨ててすっきりさせるのが一番。そうやって、**自分の機嫌は自分でとれる**ようになった女から幸せをつかんでいくんです。

具体的にどのようにして断捨離をすればよいのか、どうやってそこからお金や豊かさを手にしていくのか。その具体的な方法を次のパートでお伝えしていきます。

お金への制限を外す！　お金持ちワーク②

どんな自分も受け入れるさなぎから蝶へ——変容のワーク

なかなか望みが叶わない人は、心の中で「どうせ叶わない」「私には無理」「私にはできない」などネガティブな思いを持っているはず。まずはそうした思いをクリアにしていきましょう。ここでは、さなぎから蝶へ変容するように、「だめフィール」から「いいフィール」な自分になるための、変容のワークをご紹介します。

ステップ①　さなぎのワーク

まずは自分の心の中にある「どうせ無理」「私にはできない」「もし成功しちゃったら怖い」などの気持ちを認め、落ち込むだけ落ち込み、「陰極まって陽に転ず」という陰陽の世界の言葉を実践します。

このとき、身体にシーツを巻きつけて、さなぎのようになって、ウーウーうなりながら、もしくは泣き叫びながらゴロゴロのたうち回るといいわよ。自分の中のネガティブな思いを正面から受け止めてこれを続けていると、ある瞬間、ふっと気持ちが楽になり、落ち着いてきます。

ステップ②　変容のワーク

①のワークで、荒れ狂っていた自分の内面がふっと鎮まったとき、そこがあなたのどん底なの。涙は枯れて怒りが鎮まり、何もないスペースがぽっかりと自分の中にできる感じがすると思います。

そうしたら今度はお風呂に入り、ゆっくり湯船に浸かりましょう。温かいお湯に浸かりながら、自分のことを両手で抱きしめてあげて「あなたは大丈夫」「あなたは愛されているよ」「私がついているよ」と言います。

どんな自分も受け止め、自分で自分を愛してあげる。そうすることで、自分を愛するという感覚が全身に染み渡っていくのを感じてみてください。

パート3

豊かさを手に入れる究極の真理

「捨てなきゃ入ってこないわよ！」

人生の「手直し」はまだ間に合う！

本気でお金や幸せを手に入れて豊かな人生にしたいなら、自分が今いる環境をすっきりさせること。その最たるものが**断捨離**なの。環境を変えると生活が変わり、行動様式までも変わってくる。新しい自分に生まれ変わるためには、そのようにして今まで溜め込んできたモノ、コトをすべてすっきりさせるのが一番なんです。

水というのは上から下に流れるのが自然の摂理。それと同じように、よい運気も上から下に流れ込んできます。自分の身のまわりをすっきりさせるというのは、それを受け入れやすい状態にするということ。ここには、元に戻す、若返るなどの作用を持つ「還元の法則」が働いています。還元の逆は、酸化。腐る、サビる、におうというのは酸化による作用です。**部屋が汚い人というのは、その人自身もサビついている**ってこと。

でももし、今のあなたがその状態だったとしても安心して。人生の手直しは、いつからでもはじめられます。

つまり、**「あんた、溜まっているなら片づけな！」**ってこと（笑）。

これはもう**最強の神事、儀式だから！**

最速で運気が高まるから！

これからは、人生１００年時代。私たち、まだまだ死ねないの。人生はまだまだ続くのよ。それなのに、今みたいなサビた状態でいいの？　まずは今住んでいる場所をもっと快適な場所にしましょう。

それだけで、お金も富も豊かさも流れ込んでくるとしたら、やってみる価値あるでしょ？　だって私、これで年商、億を超えられたのだから。

汚部屋脱出で年商が億を超えた！

以前は一人で3LDKの部屋に住んでいたのですが、次の部屋に引っ越そうかというときに、テーブルや椅子、ソファ、ベッド、そして家電製品のすべてを捨てたことがあるんです。もともと私はなんでも**「もったいない」**と思ってしまうタイプで、洗濯機やテレビなど、長年使えるものは徹底的に大切に使って、ていねいに暮らしてきたんです……って、汚部屋に住んでいたくせに「ていねいな暮らし」だなんて、自分で言って笑っちゃうわ。

そう。実は私自身、汚部屋に住んでいました。なぜそんな汚部屋になってしまったかというと、レトルト製品でも水でもなんでも、よく箱買いをしていたから。それがどんどん積み重なって、さらにその上に服やら、バッグやらをのせていくうちに、

仕事を依頼
したいのですが・・・

気づいたら部屋中にモノがあふれて、汚部屋になってしまったの。そうしたら今度は、クローゼットやシューズボックスの中のにおいが気になりはじめ、最終的にはなんだか家中がにおう気がしてきたのよ。

そこまでいってようやく**「このままいったら自分はダメになる」**と思ったの。すぐに廃品回収の業者を呼んで、家中のモノを全部持って行ってもらいました。

その半年後に引っ越したのだけど、**モノがなくなった瞬間から、たくさんの仕事が舞い込んできた**んですよ。それが結果的に年商、億超えを実現させてくれたのです。

そして、自分が本当に買いたいモノが明確にわかるようになりました。次はこういう配置で置けるインテリアにしたい、こういう感じのジャケットが欲しいと思うと、現実にそれと同じようなモノがポンポン現れてきたのです。

そのおかげで、本当に好きなものだけで部屋をコーディネートすることができました。そういう生活をはじめたら、ガラッと運気が上がりました。最強、最速で運気を上げたかったら、全部のモノをいちいち見ずに勢いよく捨てたほうがいいわよ。

私は、やるときは一気にやるんです。私みたいにすべてを捨てるのは、難しいかもしれないけれど、断捨離は、勢いをつけて一気にやることをおすすめします。

もし、どうしてもすぐにできない場合は、玄関まわり、自分の部屋、キッチンなどというように、**スペースを区切りながらの断捨離**をするといいわよ。そして、最終的に**いつまでにスッキリさせるか、その期限も最初に決めておく**ことをお忘れなく。

竜庵流　運気を上げる部屋

私は自分の部屋には極力何も置かないようにしています。何かモノを買うときは、それが本当に必要なのか、欲しいのかを考えます。たとえばTシャツ1枚でも、新しく買うなら、必ず1枚古いTシャツを捨ててからでないと買いません。そのようなマイルールを決めておくと、どんどん部屋が整っていくんです。

風水的にも部屋には龍が住んでいて、その龍が居心地よくそこに居てくれると、部屋のエネルギーも高まるといわれています。さらに、部屋の中の龍は私たちを豊かな人生へと導いてくれる強運、金運にもよい影響を与えてくれます。だからこそ、**環境が変わるだけで、人生は激変していく**のです。

私の部屋は基本的にはシンプルですが、植物と造花は多用しています。

中国の暦に五節句という言葉があります。昔は奇数の数字が重なる月には、よくないことが起きると考えられたことから、邪気払いの意味を込めて宴会をするようになったそうです。

それが1月1日のお正月、3月3日の桃の節句、5月5日の端午《たんご》の節句、7月7日の七夕《しちせき》の節句、9月9日の重陽《ちょうよう》の節句という五節句になりました。私もこれにならって、お正月は梅の花、桃の節句のときは桃の花、端午の節句のときには菖蒲《しょうぶ》など、その季節に合った植物を花瓶に生けています。花を飾って華やかにすることで、邪気を払っているのです。

造花については、花の彫刻家ともいわれるエミリオ・ロバのものを取り入れています。部屋に飾るのに「造花はよくない」という説もありますが、**安くてほこりをかぶっているようなものがダメ**なのよ。安い造花は見た目も悪いし、扱いもぞんざいになって、ほこりまみれになることが多いでしょう。

でも、私の部屋やサロンに飾ってあるものは、私自身の**美意識の表れ**として購入しているものなので、定期的に掃除もするし、きれいに保つ努力をしています。そういうものに関しては造花でも大丈夫です。最高品質のインテリアといわれる造花だけあって、本当にスペースが華やぐのでおすすめです。

また、玄関やトイレの入口には、小皿に自然塩を少量盛って、置くようにしています。邪気払いの効果があるので、人からの影響を受けやすい方、人と会うことが多い方にはとくにおすすめです。

盛り塩は毎日取り替えてくださいね。

汚部屋脱出プログラム開始よ！

自分の部屋が汚部屋になっているということに、意外と本人は気づかないもの。あなたの部屋は大丈夫？　いくら見た目をきれいにしても、モノをクローゼットの奥に詰め込んで、**「収納貧乏」**になっている人が多いのよ。「ちょっと古くなっているけど、下着は少し余分に持っていたいから捨てないでおこう」「これは友だちにもらったものだから、使わないけどなんとなく捨てられない」「この靴はまだ履けそうだから、取っておこう」という意識で、どんどんモノが蓄積されていくの。

だいたい、日本の家というのは空間が狭いでしょ。都心部はそのいいお手本よね。その狭い空間にできるだけたくさん詰め込もうとするから、部屋のいたるところにいろいろなモノをかけたり、本や書類も出しっぱなしでうず高く積んであったり……。

キッチンには、いつか食べようと思って買い込んだ大量のインスタント食品やお菓子類が乱雑に置かれているわけです。

こうしたモノの蓄積というのは、自覚しないと変えられません。まずは、一度にたくさんのモノを買うのをやめましょう。そして、自分にとってもう必要ないもの、なくても困らないもの、あったとしてもウキウキワクワクしないものは、潔く手放しましょう。

いずれにせよ、「もったいない」という気持ちを抑えて、**断腸の思いで捨てることが、次に新しいものを呼び込む**ことにつながります。そうして部屋をすっきりさせていかないと、運気のよい空間にはなりません。

部屋はあなたの身体と同じ。いらないものだらけの部屋は、便が溜まっている身体と一緒なの。身体の場合は吹き出物ができたり、下腹が出てきたりするけれど、部屋の場合はそこに**住む人の運気を下げていきます。**だからこそ、いらないモノを捨てることが何よりも大切。そうして部屋を整えると、運命が本当に変わります。これは私自身、何度も実証済みですから。

豊かになるための部屋の準備、やる・やらないは**あなた次第よ！**

いつまでニセモノの人間関係を大切にする気？

あなたが本気で豊かになりたいなら、部屋の断捨離と同時に、人間関係の断捨離も行う必要があります。**断捨離は家の中にあふれかえっている「モノ」と、そこに住む人に絡む人間関係である「コト」の、両方を必ずセットで行わなければいけないの。**そして「コト」の断捨離の際には、**自分の気持ちを第一に考えること。**これ、すごく大事！

確かに人間関係は大切よ。でも、上辺だけのつながりや損得勘定だけで成り立っているような関係だったり、あなたに苦痛を与えている関係だったりしたら、そんなものはもうなくていいの。

結局、人間は誰しも自分で自分を幸せにしていくしかないのよ。

だから「人にどう思われるだろう？」と考える前に、**「自分はどうしたいんだろう？」**ということを考えて。まずは**自分ファースト**。それがとても大事なの。多くの人が他人のことばかり考えて、不幸になってしまっている。まずは自分で自分を幸せにして、自分の中からあふれ出る幸せを他人に分けていけばいいのよ。

とはいえ、もう相手との関係を切りたい、距離を置きたい、そう思っているのにできない人がすごく多いわよね。そういう人たちはたいていこう言うの。「相手には相手の立場や考え方がある。だから、言えないんです」って。

そんな言葉を聞くたびに、いつも「あなたは自分が傷つくのがいやなんでしょ？」と思うの。だって、意見するようになって、相手からいやがらせを受けたり、関係を切られたりすることだってあると思うから。

でもね、一番大事なのは「それでもあなたは言いたかったのでしょう？」ということなの。だから言ってよかったのよ。もし、もう我慢できないという相手がいるなら、その理由を伝えて関係を清算していいの。潔くおさらばすればいいのよ。

そうしたらすぐに、相手の連絡先は携帯電話から削除しなさい。相手の気持ちを思いやったり、今後の二人の関係性を思いわずらったりする代わりに、自分自身を守ったあなたを褒めてあげるの。あなたは自分自身を愛しなさい。

いつまでも後悔と自己嫌悪にまみれていたら、ドツボにはまるわよ。どこかで断ち切らない限り、同じところにい続けるのよ。

相手に言ってしまったことは、もう取り返しがつかないの。それでも、あなたは言いたかったのだから、行動に移した自分を認めてあげて。**自分のことを追いつめないで。**

そして深呼吸して、自分が気持ちよく感じることだけを自分に与えて、「いいフィール」でいるようにリラックスしましょう。誰かからいやがらせを受けたり、相手から何か言われたりしても、「私は私のために言った。私はそれでよかったと思っている。だから、何を言われても大丈夫」と腹をくくるの。

いろいろな感情や思いは次々と湧いてくるでしょう。そんなときは、それらを一つずつ自分で受け止め、認め、流していくのよ。自分ととことん話し尽くすの。これをすればするだけ、あなたは自分のことを深く知るようになるし、本当の自分は何を望んでいるのかがわかるようになっていく。お金や豊かさや幸せを手に入れるには、こうした**心の基盤が必要**になることを覚えておいてちょうだいね！

「自分依存症」になったもん勝ち！

クライアントの方々の話を聞いていても感じるのだけれど、「友だちは多いほうがいい」「親友がいるほうがいい」という考えが世の中にははびこっているみたいね。でも、はっきり言って幻想よ。そんなことを考えている奴は死ね！　ですよ（笑）。だって自分に軸がないから、人に頼ろうって魂胆でしょう。

友だちや恋人に依存するのではなく、これからの「いいフィール」女子たちは**「自分依存症」**になったらいいの。**一番に自分を愛して、自分で自分の世界をつくって**いくの！　これこそ最強よ！

不平不満、愚痴、言い訳や悪口、文句というのは、9割の人間が言いたいのよ。それと同じように、今の仕事を辞められなかったり、もう終わってしまった関係なのに断ち切れないでいたりして、そのままずるずるときてしまう人たちがなんと多いことか。依存症というのは薬やアルコールだけじゃない。人への依存というのも、けっこう怖いわよ。

あなたが誰かに依存している状態を断ち切って、自分自身に依存していかない限り、より多くのお金や豊かさがある次のステージには進めません。

でも、安心なさって。何事にも必ず解決方法があるから。その解決法こそが、**自分との対話**なの。

それにより、強・金・龍はますますエネルギーを蓄え、どんどん上へ上へと昇っていかれるようになるの。豊かにお金持ちになって、幸せな人生を送りたいなら、自分を愛して、自分を大切にすることが、とても大事になるのよ。

自分と話し尽くして幸せの基盤を築く

人間関係などの「コト」を断捨離するときは、いろいろな思いや感情が出てくるわよね。そういうときこそ「ねえ、本当はどうしたいの？」「今、どんなふうに思っている？」「正直に言っていいよ。私はあなたの味方だから」と、**自分自身とじっくりと対話する時間**を持つの。この時間を過ごすことによって、あなたがどんな幸せを求めているかがわかるし、それによって**幸せになる速度もスピードアップ**します。

このとき、**思考に走らないように注意**してね。「前にあれで失敗したから、きっとまたこうなるだろう」「これまでやったことがないから、そんなのは絶対無理」など頭でグルグル考えはじめると、自分自身を感じ取ることができなくなってしまうから。

すぐ思考に走ってしまう人は、温かい湯船に浸かったり、好きな香りのアロマやお香を焚いたり、お気に入りの曲を聴いてくつろいだりしてください。自分自身と対話の時間をもって、自分が心の底で欲していることに気づいてほしいのです。

もしそこで「お金が欲しい」という思いが湧いてきて、自分にとってそれが楽しかったら、それでいいんです。「こんなこと言ったらおかしい」「こんなこと言っても無理」などというジャッジは一切排除してね。自分に問いかけて、いい気持ちになるほう、気分が豊かになるほうを選んでください。

こういうと「忙しくてそんな時間を持つのは無理！」という女がいるけれど、ちょっと待って！　**そうやって逃げてばかりいないで、いい加減、自分と向き合いなさいよ！**

いつも友だちに誘われて、行

きたくもない女子会や飲み会に行っていたなら、1回それを断ればいいじゃない。そうすれば2、3時間は自分の時間ができるわよ。最寄り駅から2駅手前で降りて、歩きながら話してもいいわよね。そういう工夫をすれば、日常生活の中に、自分との対話時間を簡単に設けられるようになるはずなの。

「時間がない」というのは、たんなる言い訳よ。どうしたら、そういう時間をつくれるか。何をやめれば自分の時間がつくれるか、一度書き出してごらんなさい。それらを潔く削って、自分のために時間をつくる。そうして設けた自分との対話時間を通して、私たちは自分を幸せにする土台を着実に築くことができるのだから。

類は友を呼ぶって本当よ！

あなたが「いいフィール」でいればいるほど、あなたの波動はあなたの思いと調和するから、願いごとが叶いやすくなるの。逆に「だめフィール」でいるほど、ネガティブな出来事と調和してしまいます。

今、あなたのまわりにいる人たちはどんな感じ？　自分のことを大切にして、仕事も恋もウキウキワクワク楽しんでいたり、お金を稼ぐことに喜びを見出していたり、自分の感情に素直に人生を楽しんでいたりする人が多いかしら。それとも、自分のことは犠牲にして他人のためにがんばりすぎていたり、ダメ男にばかり引っかかったり、お金がまわらずに苦しんでいたり、人生に疲れ果てていたりする人が多いかしら。

そんなふうに自分のまわりを見渡してみるだけでも、今の自分が「いいフィール」

なのか「だめフィール」なのかがわかるわよ。なぜなら、この世界には**「共鳴引力の法則」**が働いているから。これは同じ種類のものはお互いを引きつけ合うという現象のこと。よく「類は友を呼ぶ」というけれど、あれと同じことね。

もし今、自分のまわりには「いいフィール」な人たちが多いと感じたら、あなた自身も自分にとっての心地よさをさらに追及してみて。もし「だめフィール」な人が多いようなら、今すぐあなた自身を「いいフィール」にする努力をすること。

ぜひ「うっとり時間」を自分のためにとって。野菜たっぷりの料理を自分のためにつくって自宅でゆっくりくつろいだり、1泊2日の小旅行に出かけてリフレッシュしたりするのもいいわよね。

もし、友だちや職場の知り合いの中に「いいフィール」女子がいたら、こっそり彼女の真似をしたり、彼女に近づいて行動をともにしてもいいと思う。

あなた自身が「いいフィール」に変わっていけば、必ず「共鳴引力の法則」が働いて、同じような「いいフィール」の人たちをあなたのまわりに引き寄せてくれるはず。それと同時に、喜びや感謝や愛を感じさせてくれる出来事も増えてくるわ。

そうなったときには「私なんて」と謙遜せずに、**にっこり笑って「ありがとうございます！」と受け取って。**「類は友を呼ぶ」の法則をよい方向で活用しながら、あなたの中の強・金・龍を育てていきましょう。そうすれば、お金も豊かさも幸せも、向うから自然とやってきます。

「デブ」に発言権はない！

正直言って、ここ数年の私は「いいフィール」ではなかったの。もちろんいつも強運だったし、毎日最幸！　なことばかりで楽しかったけれど……私が本当に求めているものをないがしろにしていたのよね。スピリチュアルカウンセラーでもあり、美容研究家でもある私は、やはり人に見られる職業ですから、年を重ねてもスッキリとしていたい。そういう思いがあったはずなのに、忘れてしまっていたことに気づいたのです。

お金がないときは、なるべく歩くようにしていて、気前よくウォーキングすることで体型を維持していたの。それがここ数年、毎日のように会食をして、食べたいものを食べて、タクシーだっていくらでも乗れて——そういう生活に私は甘えていたことに気づいたのよ。

そのとき、こんなふうに自分に問いかけたの。「あなたはどうしたいの？　どうなりたいの？」「モテたいんでしょ？」「下っ腹が引っ込んでお尻がプリッと上がったら、やっぱりモテるわけでしょ？」って。

そうしたら、**「いくつになっても、私は自分らしく生きたい！」**と心底思ったの。だったら、自分の体型も美しく保とうと、本気で思ったのです。

そこで一念発起して、毎日のウォーキングと週３日のジム通いをはじめました。そうしたら、あっという間に４kg落ちて、すごく体調がいいの。おまけに、自分がやりたい仕事が、どんどん向こうからやってくるようになりました。

デブに発言権はないの。だってね、**デブが何を言っても、説得力がない**じゃない。**不細工にも発言権はないわよ。**不細工な人に何か言われたって、自分は何もしていないくせに他人に意見する人の話なんて、聞きたいとは思わないでしょう？　私はそうなりたくなかったから、とにかくやるしかなかった、というだけの話。

スピリチュアルカウンセリングでも、必要なクライアントにはズバッと、「あなた、ちょっとダイエットしなさい。このままじゃ発言権なくなるわよ！」と言っています。

ただし、ダイエットに関しては数字にとらわれてしまう人が多いので、最初に**家の体重計を捨てる**ようにお伝えするの。

なぜなら、体重がいくら軽くても、筋肉がたるんでぶよぶよだったら美しくないのよ。基本的には腹八分目を意識すれば、食べたり、飲んだりしてもいいの。その代わり、筋力をつけないといけない。そうしないと美しく痩せないから、まずはウォーキングをおすすめしています。

朝晩10分間歩く、移動するときは階段を使う、最寄り駅より二つ手前の駅で降りて歩くなど、日ごろから気軽にできることを無理なく取り入れて、体重を減らすよりも**身体のシルエットを整えていく**ことをおすすめしています。

自分を豊かで幸せな人生のスパイラルにのせていくためにも、ダイエットが必要な方はぜひ試してみてほしい。自分自身の部屋、感情、そして身体がすっきりすれば、今以上に「いいフィール」で過ごすことができるはず。それによって強・金・龍のエネルギーの質がよくなり、条件のいい仕事や思いもよらないお金の流れを、自分のところに引き込めるようになります。

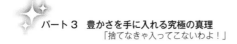

お金への制限を外す！　お金持ちワーク③

エネルギーを速攻チャージ クリアな波動を維持するワーク

自分自身の波動を整えたいなら、自然と触れ合える場所に出向くのが一番！　可能であれば、一人でキャンプを楽しむソロキャンプがおすすめね。最近注目されているソロキャンプの魅力は、一人の気楽さと自由にあります。自然豊かなキャンプ場で大地や空を感じながら過ごす静かな時間は、宇宙とつながっている瞬間でもあります。

ソロキャンプはちょっとハードルが高いという場合、あなたの家の近くに公園があるなら、そこに行ってもいいでしょう。家のまわりをちょっと散歩するだけでも、街路樹の緑に癒やされたり、花の香りにホッとしたり、古い小さな神社を発見したり……。そういうことで心が和むのではないかしら。

そうした瞬間、瞬間、あなたは宇宙とつながり、エネルギーをチャージしていることになるの。

そうなれば、自分がいる場所自体がパワースポットになっていきますよ。ぜひ、身近な場所に目を向けて、そこにある幸せを感じ取り、そこに感謝の思いを向けてみて。そうするたびに、あなたはクリアで波動の高いエネルギーで満たされていくことになりますから。

パート 4

お金持ちにあって、あなたにないもの

「本気ぶっこいて生きてる !?」

竜庵おすすめ！　富と豊かさを手に入れる方法

あなたがお金や豊かさを手に入れたいと思うなら、誰かに何かをしてもらうのを待っていてはだめ。**自分で動くしかないのよ。**この地球は、肉体を持って行動するための星。ここでは行動＝挑戦し続けることが大切になるの。

富を得たいなら、まずはそのための知識を得なくちゃね。そこで、**一番おすすめなのは読書**です。そう言うと必ず「時間がないから読書なんかできない」って言い出す女がいるけど、時間は、あるか、ないかじゃなくて、つくるか、つくらないか、よ。ないのは「時間」じゃなくて、「読む気」でしょ！

私は気になる分野があったら、それに関わる本を10冊は読むようにしています。10冊も読めばその分野の情報は偏りなく入手できます。しかも、本なんて1冊1500

～2000円程度。私は経営者でもあるので、マーケティングや投資やビジネス関連の本も積極的に読んでいます。そのくらいの投資をして、そこから得た情報を活用すれば、15万や20万の利益につながることって、ざらにあるのよ。

本はね、積み立て投資なのよ。猛烈に忙しい毎日の中でも、私は読書の時間をとる努力をしています。本を読めば、成功している人の人生を体験できたり、富や豊かさを引き寄せる考え方やその方法を知ることができたりして、自分の願いを叶えるのにすぐに役立てられますよ。

ここで大事なのは、1冊読んでそれだけで成功しようと思わないこと。一発で成功させようとするのではなく、あなたが知りたい分野にふさわしい本をまず何冊か選び、とにかく読み続けながら、**成功しそうなタイミングを待つ**の。それに、読んだ本すべてが役に立つとはかぎらない。何冊も本を読むうちに、あなたが読んだ本の1節だけが使える場合だってあるのよ。それでも、本を読むことはぜひ続けてほしい。

手に取った1冊が読み通せない、「わからない」「どうせ無理」と心折れてしまう場合もあるわね。そんな人には、オーディオブックがおすすめです。私も自宅とサロンの移動中、オーディオブックを聞いています。音楽を聞くように本を聞く――気軽に聞けて情報が取れるから、とても便利です。

インターネットから情報を引き出している人は多いでしょうね。専用サイトだけでなく、SNSやユーチューブにもアンテナを広げましょう。ただし、インターネットの場合、情報の質に要注意。フェイクニュースが取沙汰されるように、正確性に欠ける情報もあるから気をつけて。

興味を持ったら、広く情報を手に入れることは、これからますます重要になっていくわよ。まずは浅くてもいいから、その分野について広く知識や情報を集めること。そうすれば必ず、あなたの中に溜まった点と点が結びついて線になり、いつか面として情報がつながり、生かしていけますから。

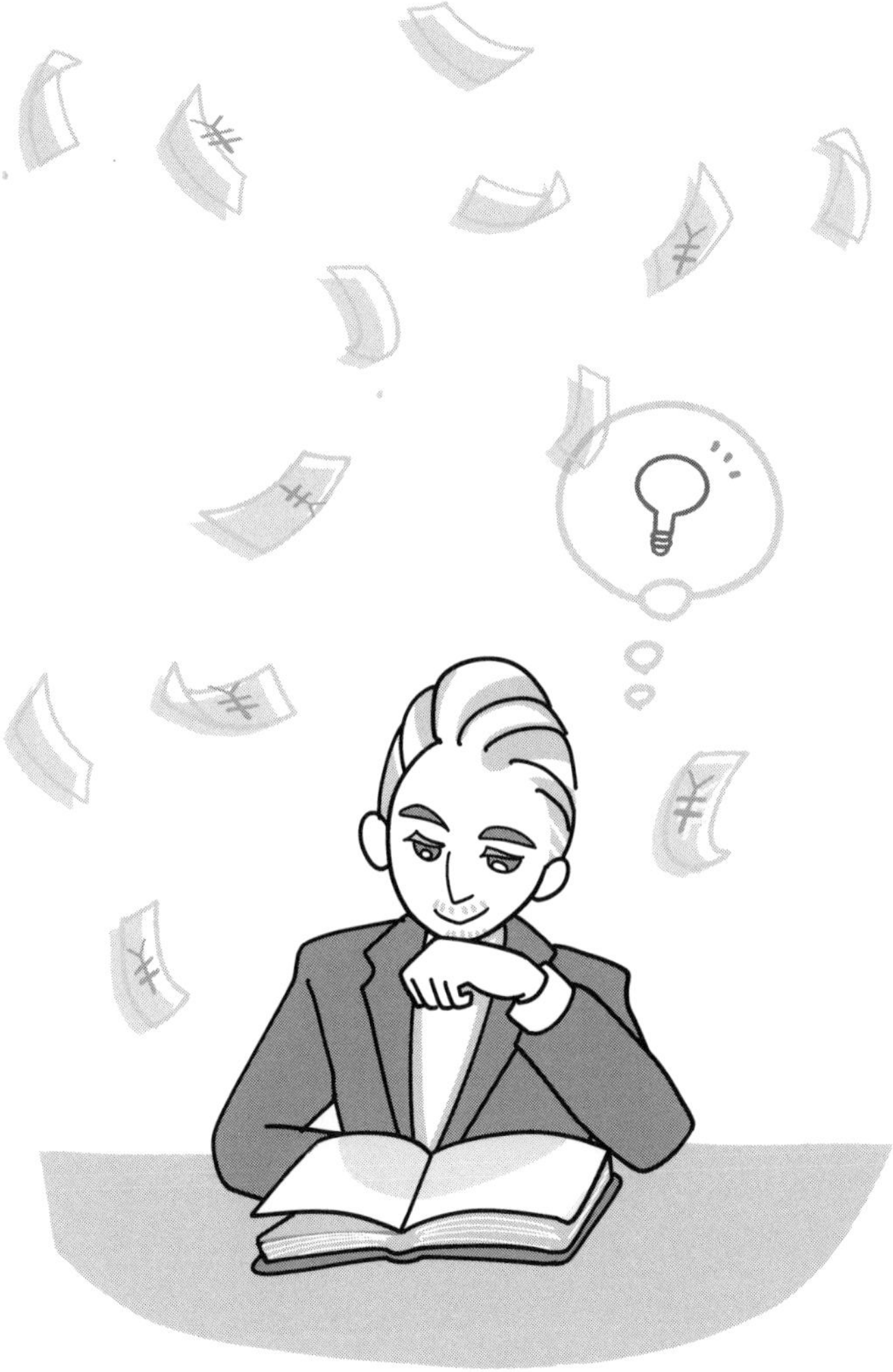

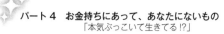

富と豊かさを手にしている人たちは、情報を集め、生かしていく力が高いということね。

自分にとって必要な情報を、吸収して学んでいかない限り、成長なんてできないと思う。自分は何を吸収するか——そこを明確にすると、絶対に必要な情報が飛び込んでくるはずなんです。自分がやりたいこと、欲しいもののために必要な知識を得る。

あとは、行動あるのみ！

それでもお金がまわらないのはなぜ⁉

「覚悟を持ってがんばっているのに、お金がまわらない」なんて言う人たちがいるけれど、それはね、**覚悟をしたつもり**になっているだけ。「私なりにやっているけど」とか、言い訳しているのね。本気ぶっこいていないのよ。

望んでいるのにお金がまわらないのは、「あなたに足りない何かが、まだあるよ」という宇宙からのメッセージです。さらに、「『望んでいるのにお金がまわらない』ということすらも、あなたが望んでいることなんだからね」というところに、気づいてもらいたいの。

あなたは「こうなりたい」という夢を宇宙にお願いしたのでしょう。でも、なかなかそれが叶えられないのは、**目の前の望ましくない現実を体験**

する必要があるってこと。あなたがその夢を叶える前に、そういう体験をしなくてはいけないということなの。

私の場合も、お金持ちになりたい、有名になりたい、モテたい、幸せになりたいと、いろいろな夢がありました。そして、お金を手にして、そこそこ有名になって、モテました。

でも、人間としての未熟さや傲慢さがあったために、一度どん底にたたき落とされて、いやというほど自分自身の未熟さを思い知らされたのです。

そこから言葉遣いや思考や人間関係からすべて変えていったことで、今の私が在るの。地球の裏側くらいのどん底に落とされても、あきらめなかった。

そして今、私は幸せよ。そしてこれからもっともっと幸せになるわ。

中卒、コネなし、性悪、「だめフィール」だった私

でさえ、ここまでこられたの。だから、これを読んでいるあなただって、もっともっ

と幸せになれるのよ。

もう一ついっておくと、**お金がまわらない人というのは、実はお金を愛していない**の。お金のことを見ているようで、見ていないのよ。ただ、お金の流れを見ているだけなの。本当にお金が欲しいなら、**お金と友だちになる**のよ。どう使うかだけでなく、どうつくるか、どうまわすかというところに意識を持っていくことも大事です。

スピリチュアルカウンセリングのクライアントの方々には、ひとりビジネスをはじめることをおすすめしています。もっとお金に対して意識が向くようになるし、さまざまなお金の姿を知ればお金への愛も生まれやすくなるからです。

覚悟をもってお金を愛し、強・金・龍のエネルギーを高めていきましょう。

トラブルこそが飛躍のチャンス

トラブルや悩みがあると、人生ってなんでこんなにつまらないんだろう、と感じることがあるかもしれません。でも、それは、あなたが飛躍する大きなチャンスです。そこからどれだけのことに気づき、行動できるかで、チャンスは大きく開いていきます。だからね、クヨクヨするばっかりのクライアントがいると、

「ちょっとあんた！　いつまで悲劇のヒロインでいるのよ！」

って言ってやるの（笑）。

いくらやってもうまくいかないのは、**成功の道からはずれている**ということ。周波数やベクトルがあっていないということなの。それは宇宙からの、「あ

なたのやり方は間違っていますよ」というメッセージなのね。
でも「だめフィール」女子たちは、「なんで？　私はちゃんとしているのに！」といって、やり方を改めようとしないのよ。それじゃあ、欲しいものは手に入らないわよ！　反省して軌道修正すればいいのに、それをしないのよね。

もし、あなたが軌道修正しようと思うなら、うまく物事に対処できない自分を責める必要はないの。まずは、うまくできない**自分を許す**の。その出来事に関わる相手がいるのなら、その人も許しましょう。
それでも、なかなか許せないのが人間なのよね。けれど、許せない気持ちをいつまでもそのままにしていると、ずっと同じ現象が起きることになるからね。

もし、職場でいつも仲間外れにされる、毎回同じ理由で恋愛が終わってしまうなど、同じパターンの現実が何度も起こっているなら、そこに**克服しないといけないブロックがある**ということなのよ。自分の中のブロックを外してクリアにしない限り、職場を変えようが、恋人が変わろうが、同じようなトラブルを繰り返してしまいます。

たとえば、よく考えずに、ついうっかり言葉が出てしまう癖があるなら、意識して言い方を変える、言葉使いを柔らかくする、相手をフォローする言い方を取り入れるなどの研究をするといいですよね。

好きな人の都合も考えずにつきまとってしまうなら、一人でいて幸せな自分になること。そうすれば、冷静に相手の都合を考えたり、相手がいやがっていることに気づいたりして、思いやりを持って接することができるようになります。

自分はこうしたいと思っていても、その方向が間違っているからトラブルが起きてしまうってことなの。だから方向を変える。もしくは、そこで起きたことを振り返って気づきを得る。すると、魂のレベルが一つ上がります。

トラブルは、一段上のステージに上がるチャンス。

だから、トラブルを怖れずに果敢に挑戦してください。いやな気持ち、悲しい気持ち、

不安な気持ちが湧いてきたら、それらをしっかりと受け止めましょう。あなたが望む幸せをつかむために、自分はどうしたらいいかを決める。そして覚悟を決めて、そちらに舵を切っていくのよ。

悪いことがあれば必ずそれとセットでよいことが起こります。そこには**振り子の法則**が働いていますから、**トラブル、ピンチが大きいほど、大きく変わるとき。**ピンチはチャンスですから、本気ぶっこいてしっかりと生かして！

睡眠は宇宙とつながる時間

毎日、質のよい睡眠をとっていますか？　睡眠というのは、心と身体が果てしなくリラックスして、宇宙と対話する時間でもあるの。だから、睡眠時間はぜひ7～8時間はとってほしいところ。

寝るという行為は、お金はかからないけど、美容液と同等の作用があります。そして同時に、**運気の底上げ**にも効果を発揮するのです。

その効果を最大限に受け取るためにも、寝室はつねに清潔にしておき、シーツや枕カバーは1日おきに取り換えるのが理想です。2、3枚は洗い替えとして用意しておき、せめて3日おきくらいの感覚で、定期的に取り換えるようにしましょう。

そして、夜になったら、心地よく寝られる雰囲気をつくること。たとえば、お気に入りの香りのアロマを焚いたり、心地よい室温を保ったり、シルクなど肌触りのよいパジャマを用意したり、寝具はなるべくお金をかけて質のよいものを揃えましょう。また、ベッドの上にはスマートフォンや本など、いろいろなものを置かないようにしてくださいね。

寝具＝神具。つまり、神とつながる道具でもあるの。私たちは、無意識のうちに毎日宇宙とつながる儀式をしているのです。

しっかり眠ることで**直感は冴える**し、**スピリチュアルな気づきも深まる**ので、何かあってもすぐにリカバリーできます。運気も着実にアップします。

肉体的にはしっかりと疲れが取れるため、お肌も髪の毛も若返り、細胞の新陳代謝も活性するため、つねに新しい自分でいることができます。

快適に眠るための投資は惜しんではダメ。腰痛持ちの方は、腰痛緩和のためのマットレスを入れてほしい。私は一人暮らしですが、クイーンサイズのベッドを使っています。ふかふかのベッドの上にエアマットを入れ、マットは8～10カ月で替えるようにしています。そうやって睡眠環境を整えておくと、日々の疲れ方が全然違うの。それを痛感しているので、寝具はよいものを揃えています。

ぜひ、あなたのできる範囲でいいので、寝具を整えてみてください。朝の目覚め方が変わり、運気も高まっていきますよ。

豊かな人間関係を築く秘訣

悩みの多くは人間関係に起因するものだけれど、豊かな人間関係を築くには、何に気をつけたらいいいか、知っている？

それは**友だちを絞らない**こと。クライアントの方々を見ていて思うのだけど、なぜか皆さん、人間関係を絞ろうとする傾向があるのよね。誰かとの仲を深めたいという気持ちもわかるけれど、だからといって人数を絞る必要はないのよ。

お金も仕事も幸せも、全部人が運んできてくれるものなの。だからこそ、知り合いは多いほうが、その確率は高まるのよ。今やＳＮＳや趣味の教室など、人との出会いの場はそこかしこにあるでしょう。もっともっと自由な発想で人間関係を広げていっていいの。

職場や義理の親との関係など、ちょっと気を使うような場でも、自分らしく人間関係を築くためにおすすめなのが、**お願い上手になる**こと。相手からお願いされるまで待つのではなく、まずは自分から小さいことをお願いしてみて、手伝ってもらう経験を積んでいきましょう。

日本の女って、お願いごとをするのが下手な人が多すぎるのよ。とはいえ、**お金の貸し借りは断る勇気を持つ**べきね。もし貸すなら、返ってこないものだと思いなさい。

人にお願い事をするのが苦手な女子は、普段はお願いするのを控えていて、何かことが大きくなってから必死になってお願いするのよ。だからうまくいかなくて、断られてしまうの。そうではなくて、普段から小さなお願いをしてみて。

「あれを取ってもらっていいですか?」「ここがわからないので、教えてもらってもいいですか?」「一緒に連れて行ってもらってもいいですか?」など、相手にそんなに負担にならないような小さなことからお願いしてごらんなさい。たいていの人が「いいよ」と請け負ってくれるはずですから。

その代わり、**あなたも相手の手伝いをしてあげて。**

たとえば「自分の仕事がひと段落ついたので、何かお手伝いすることはありませんか？」「コンビニまで行くので、何か買ってくるものはありませんか？」など、自分から相手にアプローチしていくことも必要なの。こうした日々のやり取りで、相手との距離を縮め、信頼を確実に築くことができるんです。誰かがやってくれるのを待つのではなく、まず自分から動く。これ、大事よ！

「いいフィール」女子の中には、自由にふるまいつつも、まわりと摩擦を起こさずに物事を進めていく人が多いの。そういう人たちは、やはり自分のことをよく知っていると同時に、人との関係をやんわりとつなげていくやり方を知っているんです。

ゴルフ好きなクライアントから聞いたのだけれど、ゴルフは、6～7時間ぶっ通しでまわって、その間にいろいろな人と一緒に過ごさなくてはいけないんですよね。

この人とは合うなと思ったら**「次もよろしくお願いします」**、合わないなと思ったら**「今日は楽しかったです」**と言って次に移っていくらしいの。そういう人たちって、すごく豊かに人間関係を築いているわよ。

普段からいろいろな人と触れ合ってみることも大事よ。その積み重ねで、自分の枠を広げること。これこそが人間関係を豊かで円滑なものにしていくコツです。ゴルフだけでなく、料理教室やフラダンスや英会話のレッスンなど、なんでもいいんです。自分が挑戦してみたいと思うことがあれば、その場に行ってみる。会社や普段の友だちではなく、どんなふうに人と接することができるか挑戦しましょう。**自分と他人とのものの考え方や、価値観の違いを認識する**ことって、とても大事なのよ。それによって自然とコミュニケーション能力は高まります。

あなたにも豊かな人間関係を築いていってほしい。そしてそこから、たくさんのお金や仕事や豊かさを受け取ってほしいと思っています。

豊かなエネルギーはこうして循環させる

お金や豊かさや幸せを手に入れたいなら、**豊かなエネルギー循環の法則**を覚えておいて。この法則には、次の三つの約束事があります。

①この世をワクワク楽しむ。
②自分を愛する。
③人に親切にして愛と光を与える。

まず①では、つねに「いいフィール」でいることを心がけて、自分が心からしたいと思うことに挑戦すること。そうしなければエネルギーは循環していきません。

②では、どんなことがあっても、どんな自分であっても、まずは自分で自分を許して、そんな自分でも私は愛している、と受け入れること。

誰かに受け入れてもらうのではなく、自分で自分を愛して受け入れるのよ。

これができるようになると、③は自然とできるようになっていきます。自分の内面に愛と光を十分に満たしていき、そこからあふれた分を周囲の人たちにおすそ分けしていくというイメージね。

ここまできたら、与えることに専念しなさい。それが全部、あなたに返ってくるのですから。そう思うと、少しはやる気になるでしょ？

お金持ちになって豊かで幸せになりたいなら、**山にこもって一人で瞑想したり、滝に打たれたりしてもムダ**よ。なぜなら、お金も仕事も幸せも、自分以外の他者がいるからこそ成り立つものであり、その他者が私たちの元にこれらを運んできてくれるのだから。

ただ、この三つをはじめたからといって、すぐに実現するとは限らない。早く結果を出そうと焦るのではなく、自分の人生でこの三つがあたりまえになるくらい、毎日楽しく実践してね。

もし何か失敗したと感じることがあったら、「**大成功につながる成功体験をした**んだわ」ととらえて、失敗を体験できた自分を褒めてあげて。そして、しなやかにまた立ち上がって、自分が目指す方向に向けてまた歩き出すのよ！　これらの体験すべてが、あなたを豊かなエネルギー循環の中に導いてくれるはずです。

幸せへの一番の早道はセルフアライメント

セルフアライメントというのは、自分で自分軸を整えること。そうすることで、よい運気を呼び込む土台ができ上がります。**自分軸が整うと、あなたが望んでいることがどんどん引き寄せられてきます。**

お金が入る、欲しいものが手に入る、服も、バッグも、靴も、美容グッズも買える、そしてどんどんきれいになっていく。こんなふうになんでも買えて、自分が美しくなっていくのを実感すると、あなた自身はものすごく満たされますよね。

満たされることによって、さらに恋愛運、結婚運、良縁運もよくなり、どんどんパワーアップしていきます。それは、幸せや豊かさを運んでくる強・金・龍が喜んで天を飛び回るイメージね。そうなるともう、**「満たされ尽くせり」**になります。

お金というのは、あなたがうっとり気分を味わうための道具です。

お金はあなたの執事でもあるの。ですから、お金に「あれが欲しい」といって使えば、バッグになったり、留学になったりして、あなたが望むものが手に入るでしょう。

もちろん、お金では買えないものもありますけれど、ある程度のことはお金で解決するじゃない？　自分軸が整って、自分は何を望んでいるかが明確になればなるほど、お金という執事は動きやすくなり、その分、現実化が早くなるのです。

すると、**運気のバイオリズムも、まるで龍のように**

天に向かって上がっていきます。

一見、運気が上がったり下がったりするように思えるけれど、下がりきった底部分は前よりも明らかに恵まれていて持ち直しも早く、全体で見ると上がっているのです。

そして、運そのものは螺旋を描きながら少しずつ上へとシフトしています。龍のようにね。たとえ、同じようないやな体験があったとしても、それは前の体験よりも、必ず少し上の段階で起こっているはずです。あなたはさまざまな体験を経て、ちゃんとステージアップしているのです。だから自分を信じて！

もし、物事がうまくいかなかったり、何度も同じようないやな体験が巡ってきたりして自分軸が揺らいだら、リラックスして楽しいことをして、気持ちをワクワクウキウキする方向に持っていくことをおすすめします。

自分は愛だということに気づいてください。

愛は神、宇宙。そして愛は自分。

お金が欲しい、豊かになりたい、彼氏が欲しい、結婚したいと言う人たちは多いけれど、そう思うなら、まず自分を愛すること。
もしそこで「もっと休みたい」「寂しい気分」「今は悲しい気分なの」などの声が自分の内側から聞こえてきたら、その声に忠実に、あなたがあなたのためにできることをしてあげるの。ゆったり入浴して早めに寝たり、ペットとじゃれ合う時間を持ったり、自分から声をかけて信頼できる友だちに話を聞いてもらったり、気分が上がる映画を観たり、本を読んだり。誰かに求めるのではなく、自分で自分に求めて与える。これが「自分との結婚」なのです。

豊かに幸せになるための「セルフマリアージュ」ワークをこのパートの最後に紹介しているので、ぜひ試してみて。自分自身を愛して自分軸を整えることで享受できる幸せを、思いきり味わってちょうだい！

本気ぶっこいて生きなさい！

10万人以上を鑑定してきて、今、あなたに伝えたいメッセージはこれね。

本気ぶっこいて生きなさい！

どんなことがあっても、あなたが動き出さない限り、何も変わらないの。
お金が欲しい、豊かになりたい、幸せになりたい。これまで自分の指針や考え方や行動様式でやってきてうまくいかないとしたら……。それは、まだあなたが気づいていないところで何かが足りない、もしくは違っているということなの。

あなた、本当に自分のことを愛してる？
自分のことを大切にしてる？

自分と結婚できてる？

この質問を、自分自身に問いかけてみて。

本気になって人生を変えたいなら、今までのやり方を変えて、本気ぶっこいて生きない限りは、引き寄せられないのよ。そして「自分で自分を幸せにする！」という決意表明をして、自分の中のタガ（ブロック）を外していくのよ。もう真面目ぶらなくていい。いい人ぶらなくていい。ちょっとくらい抜けていても、できなくても、わからなくても、邪悪さがあっても、それでいいのよ。

もっともっと、**あなた自身を自由にしてあげて。**

お金持ちになって幸せになりたいなら、今から**「でも」「だって」「なんで？」は、一切禁止よ！** 何かアドバイスをもらっても、ジメジメしながら「でも……」「だって……」ばかり言って行動しないでいたり、「なんで？」

とキョトン顔して動こうとしないでいたりするのは、もういい加減やめなさい！　いつまでもそうやっていたら、負のスパイラルにはまり込んで幸せになれないわよ。

スピリチュアルカウンセリングのクライアントの方々は、みんな、自分だけが悲劇のヒロインのような顔をして、誰かや何かのせいにしているのよね。「泣いたりわめいたりして、やりたい放題なのはあんたのほうよ！」と逆に言いたいくらいよ。

ただそれでも、実際に本気ぶっこいて生きはじめた人たちは、確実に変わっています。パートさんから、年収何千万も稼ぐ女社長になった人もいれば、子どものころに家族の倒産を2度も経験した女性は「二度とああいう思いはしたくない」といって、高卒でも自分にできそうな広告関連の仕事をはじめて、いまや億単位で稼ぐ広告会社の社長になっています。

こういうスーパーミラクルな人たちは数人だけれど、年商が数百万から数千万になったという人たち、ものすごく稼ぎのいい旦那さんを見つけて、幸せな結婚をした人たちというのは、クライアントの中にゴロゴロいるのよ。

私が美容研究家として教えている、ヘッドスパメソッドのお弟子さんたちの中には、昔は貧乏で困っていたけれど、自社ビルを建てたり、高級外車を乗り回せるようになった人たちがたくさんいます。

いつまでもすねて、不幸な自分を嘆いているか、さっさと方向転換して豊かさや幸せの道を歩きはじめるか。**さあ、どっちを選ぶ⁉**

ここで、私が懇意にさせていただいた、ある女優さんのお話をするわね。

晩年の彼女は病に侵されて入院していたの。私は病院で、マッサージやフェイシャルをさせていただいていたのだけれど、いつも「身体が痛い、痛い」と苦しんでいらしたわ。でも、テレビや舞台の関係者の方々が来ると、背筋がしゃんと伸びて、ものすごく華やかな笑顔になるの。自分が病気でどれだけつらいかなんて、おくびにも出さずに。亡くなる1カ月前にはじめて、大病を患っていたと周囲も知ったようでした。

彼女の生き方こそが、「生涯自分は女優である」という**決意表明の現われ**だったと思うのね。「なぜ、そこまでされるのですか？」と聞いたら「だって、みんなに心配かけたくないし。私は女優だから」と言うのよ。
実は、そのくらいの強さはあなたの中にもあるの。それこそがあなたの中の、強・金・龍。そこに気づいてほしいのよ。最後にもう一度言わせて。

本気ぶっこいて生きなさい!

自分を一番愛せるのは「自分」

私たちは一人一人が本来は「愛」の存在です。自分＝愛＝神（宇宙）＝自分というように、すべてがつながっているとお伝えしました。そう考えると、**この世界にはいたるところに愛がある**のよ。

美しい桜を見て心が穏やかになる＝桜からの愛を受け取っている。

クライアントが好物を差し入れしてくれた＝クライアントからの愛を受け取っている。

幸せな気持ちで仕事をした＝あなたが愛をまわりに与えている。

つまり、愛の状態でいるということは、自分をつねに「いいフィール」で満たすということ。そうなっているとき、**あなたは愛であり、宇宙ともつ**

ながった状態になっているということなの。

自分が欲しいものを自分に与えて、「いいフィール」でい続ける。そして、どうしても許せないもの、どうがんばっても近くにいると自分がダメになるものからは、さっさと離れる。そういうことも、自分を愛することの一つになります。

そうすれば、ホッとして肩の荷が下りるでしょう。そういう気分になれることは、すべて自分に対する愛だと思ってちょうだい。

日々、ていねいな言葉使いや行動をとるというのも、大切な自分への愛となります。そして、身体によいおいしい食事を自分のためにつくったり、ホッとする時間のために湯船にお湯を張って入浴したりするというのも、自分への愛の形です。このような**「わざわざ自分のためにしてあげる何か」が、自分への愛になる**のです。

クライアントの方々の多くは、自分のためよりも「人のため」「普通や常識の範囲に自分をおさめるため」「役割（母親、妻、上司など）のため」に動いていることがとても多いのです。ですから、まずはそこを意識して。**「本当に『私』はこれがしたいの？」**と意識しながら、行動してみましょう。

すぐに完璧にできなくても大丈夫。1日のうちに1回でも「本当に『私』はこれがしたいの？」と自分に聞いて。そして、プライベートの時間だけは「私」がしたいことだけをする。これができるようになったら、仕事の時間でも「私」がしたいことだけをする。そういう繰り返しで、自分が本当にしたいことを選べるようになり、そんな自分を自然と愛せるようになっていきます。そして、同じような愛を他者にも向けられるようになっていきます。

お金への制限を外す！　お金持ちワーク④

まずは自分と結婚する！　セルフマリアージュワーク

「いいフィール」の基本は、自分にうっとりして、リラックスする時間を持つ。そんな心地よいときに、「私は何をしたかったんだろう」と自分に問いかけて。

「旅行したかったんだよね」「お金儲けしたかったんだよね」「仕事で輝きたかったんだよね」「あの人と結婚したかったんだよね」といろいろな思いが出てくると思います。

それらを「そう思っているんだね」と受け止めて。すると、寂しい、悲しい、悔しい、もどかしい、不安など、いろいろな感情が出てくるでしょう。それらを感じながら、「それでも、よくやっているよ」「すごくがんばっているよ」「精いっぱい努力しているよ」という言葉をかけて、認め、愛してあげることが、**自分自身との結婚**への第一歩となります。

大事なのは人にどう思われるかではなく、自分で自分をどう思うか。ですから、人に褒められようとか、ちやほやされようとしてはダメ。**他人からもらう高**

評価や賞賛は、霞《かすみ》みたいなもので、すぐ消えてしまうの。だから、「もっとくれ、もっとくれ」と思ってしまうけれど、そんな妖怪みたいなクレクレ女、いやじゃない？

そうではなくて、自分で自分に愛や優しさを与えましょう。「寂しい」なら、あなたが自分に寄り添って「いつも一緒だよ」「いつも見ているよ」と自分自身に話しかけて。「○○が欲しい」と言うなら、それを自分のために買ってあげて。「不安なの」というなら、不安要素をすべて書き出して、それを一つずつ解消するために動いて。

そうして自分で自分に与えていくことが、本当の意味での心の滋養になり、本当の満足を知る女になれます。

自分で自分を愛し、求めているものを自分で与えて、自らを満たす。これができたとき、あなたは自分自身と結婚していることになるわ。このときすでに自分に向けた愛のエネルギーは発動しはじめています。そのエネルギーが強くなればなるほど、強・金・龍はもあなたの味方になってくれるはず。だからまずは、自分と結婚するのよ！

パート 5

最後に笑う人が持っているもの

「『何も持っていない』と思うなら、
執念を持つのよ！」

「最幸言葉」を口ぐせにする

私たちが発している言葉は、それぞれ特有の振動数（周波数）を持っています。言葉は振動ですから、一度口にした言葉は、どんどんまわりに広がっていきます。そして、その言葉の振動数に見合った現実を引き寄せてきてくれるのです。言葉にはこうした力があるから「言霊《ことだま》」と表現されます。

その性質を利用して、私は「最幸！」「ありがとうございます！」とずっと言っているから、もっとも幸せで有り難いことしか起こらないの。最幸という周波数を宇宙に投げかけると、それに見合う周波数を持つ出来事にカチッとはまって、最幸な出来事があちらから走ってきてくれるんです。

だから、起こってほしい出来事にぴったりハマる周波数の言葉を発していれば、うれしい出来事が身のまわりで起きるようになって、願いが叶うというわけ。

では、どんな言葉がポジティブでうれしい出来事を引き起こすでしょう。私は、サロンのスタッフやお客様に、次の言葉をお伝えしています。

ありがとうございます
愛しています
感謝いたします
楽しいです
うれしいです
素敵です
幸せです
ツイています

この８つの言葉を**「最幸言葉」**と呼んでいます。この言葉をいつも口にしていれば、最幸な出来事があなたのまわりでも起こりはじめます。

逆に**振動数が下がる言葉は「どうせ」「だって」「できない」**。この言葉は言ったそばから、自分の可能性の芽を摘んでしまうのよ。

また、「相手が○○だし」という言葉も、自分軸ではなく相手の軸に合わせてしまっているからダメね。これらの言葉を使っていると、**どんどん不細工な女になっていく**から気をつけなさいよ！

とにかく毎日、**気前よく最幸言葉を使って**。たった1日がんばって使ったら引き寄せられる、というものではありません。意識的に毎日、続けていくことが大事なの。

自分の機嫌をとりながら、最幸言葉を口にして。

毎日機嫌良く過ごす。そしていつも、いいフィールになる言霊に囲まれていれば、それだけで運気が上がるし、強・金・龍も確実に味方になってくれます。だったら、やらない理由なんて、ないじゃない？

ありがとうございます
愛しています
感謝いたします
楽しいです
うれしいです
素敵です
幸せです
ツイています

言霊で結界を張る

スピリチュアルな能力をお持ちの方の中には、感化されやすい人がいると思います。私もその一人。感化とは、相手の感情が自分の感情のように思えてしまうことね。

昔は1日に何十人もカットしていたのだけれど、ある瞬間、いきなり腹が立つの。別に何か理由があるわけでもなく、気分だって普通だったのに。これはクライアントの怒りを私がキャッチして起きた現象だったのね。当時はそんなこと知らなかったから、こちらもキーッとなって「なんなのよ、あんた！」なんて言って、クライアントとケンカになることが日常茶飯事でした。

それを避けるために、今は言霊を使って、自分と相手の感情の間に結界を張るようにしています。

よく**「言霊の結界」**といっているのですが、最幸言葉を言えば言うほど、相手の感情に巻き込まれなくなりました。だから、**自分の感情は自分の問題、相手の感情は相手の問題。**いくら相手が怒っていたって私には関係がないことなの。反対に、いくら私が怒っていたって、相手には関係のないことなのよ。

それでも、普通に生活していると、自分の領域の中に土足で踏み込んでくる人って、いるでしょう？　そういう人が現われたら、意識的に最幸言葉を使って、それ以上踏み込まれないように自分のまわりに結界を張っています。そうすると、ものすごく楽になるわよ。**私は私、人は人という境界線がはっきりしてくる**ので、相手の感情を感じ取りやすい人、相手の感情に振りまわされやすい人は、ぜひ最幸言葉を使った「言霊の結界」を張るようにしてみてほしいわ！

「ありがとう」より「ありがとうございます」

最幸言葉の中でも、一番使われているのが「ありがとうございます」なのではないかしら。「ありがとう」というのは相手に対して、あなたの行為や存在は「有り難いこと」だと伝える言葉。有り難いというのは文字どおり、そこに「有るのが難しい」という意味。

つまり、**あなたの行為や存在はとても貴重なこと**、という思いを込めて感謝している言葉です。そこにていねい語の「ございます」がつくのだから、ものすごく相手を尊重している言葉であることがわかるわよね。

実は私たちの脳は主語を認識しないので、誰かに「ありがとうございます」と言うのは、**自分にも「ありがとうございます」と言ってい**

それは、自分の存在を認めることにもつながるのです。

るのと同じこと。

そのため、毎日意識して「ありがとうございます」と言っているだけで、見える世界が変わってきます。

スーパーやコンビニで買い物をしたとき、レジのスタッフに「ありがとうございます」、エレベーターをおりるときに誰かが先におろしてくれたら「ありがとうございます」、カフェでコーヒーを運んできてもらったら「ありがとうございます」……。口に出して相手に伝えるということも、行動の一つなの。そして、口から出た言葉は、耳を通して自分の心にも染み入っていきます。

何か特別なことをしてもらわなくても「ありがとうございます」と言うだけで、私たちの運気は上がり、強・金・龍のエネルギーも高められていきます。こうしたほんの少しの行動が、私たちに豊かさや幸せを運んできてくれるきっかけになるのよ。

目指せ、チャクラパッカーン！

チャクラパッカーン！

お金持ちになりたい、幸せになりたい、彼氏が欲しい、結婚したい――だったらこれよ！

私たちの身体には、第1チャクラから第7チャクラまで7つのエネルギーポイントが存在しています。チャクラパッカーン！とは、私の言葉で、**頭頂部にある第7チャクラ**、そして**第三の目（眉間）にある第6チャクラが開いた状態**のこと。そこから宇宙のエネルギーを取り込み、右回りで回転しながら、第5チャクラ（喉）、第4チャクラ（ハート）、第3チャクラ（みぞおち）、第2チャクラ（子宮）、第1チャクラ（会陰《えいん》）へとおろし、身体中にそのエネ

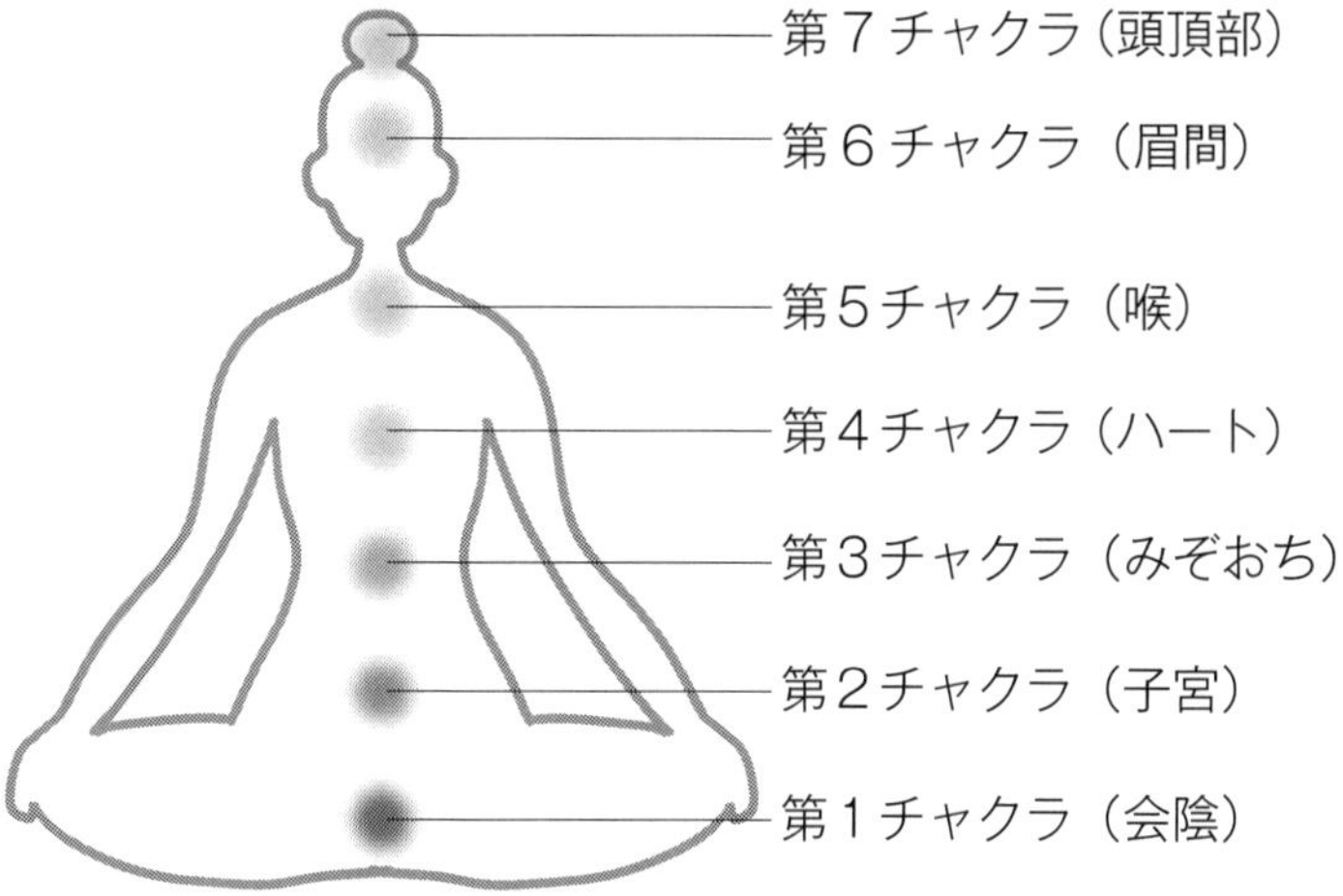
第７チャクラ（頭頂部）
第６チャクラ（眉間）
第５チャクラ（喉）
第４チャクラ（ハート）
第３チャクラ（みぞおち）
第２チャクラ（子宮）
第１チャクラ（会陰）

ルギーを満たしていくのです。すると、あなたの強・金・龍もパワーアップしてサポート力が増し、どんどん豊かさを引き寄せてくれるようになります。

チャクラパッカーン！になるには、**リラックスした状態**でいること。「ああ、気持ちがいい～♡」という感覚でいることが大事なの。不平不満、愚痴、言い訳ばかり言っていたら、どんないいことも逃げていくわよ。

そうならないためには、日ごろから最幸言葉を口にして、自分自身が「いいフィール」でいるように努力することが大切なのよ。

リラックスして気持ちいい状態でいるときって、宇宙とつながっているの。そういうときに「ああいうことがしたい」「こうなったらいいな」という願いを発すると、それらは宇宙エネルギーの流れにのって、どんどん広がっていくの。そして、あなたが発している周波数と同じ出来事を引き寄せてくれるというわけ。

このとき脳は、思考が鎮まってとてもクリアになっています。脳をクリアにするという意味では、瞑想するのもおすすめね。

そのほか、チャクラパッカーン！を実践するためには、次のようなことを自分に問いかけて。

睡眠はちゃんととれている？
身体にやさしい食事をとっている？
穏やかな気持ちで日々を過ごせている？
本来の自分らしく生きている？

自分と対話しながら、ぜひあなたもチャクラパッカーン！を体験なさってね。

誰もが脱皮の前はもがくもの

思いどおりにいかない、まわりから攻撃されるなど、さまざまな体験を通じて自分のメンタルが揺れ動くのは本当につらいもの。悲しさ、怒り、やるせなさといった心の痛みを感じて、気持ちがまるでのたうち回っているように感じない？　それって芋虫がさなぎになり、その中で一度自分の身体を溶かして、蝶へと変容を遂げようとしているのと同じことなのよ。

いろいろな現実にたたきのめされたとき、「痛い！　もういやだ！」と思うかもしれない。けれど、**行動しない、他人をうらやましがるだけのあなたに戻ったら、負けよ！**

そんなときは、「ちょっと待って！　本当はどうしたかったんだっけ？」「本当は何をしたかったんだっけ？」「本当にそれでいいの？」というところに戻らないとダメなのよ。

心がくじけそうになったら、誰かに励ましてもらうのではなく、自分で自分に問いかけるの。「あなたが『○○を買いたい』と思ったんでしょ？」「あの人とつき合いたいと思ったんでしょ？」「仕事で成功したいと思ったんでしょ？」って。

思う存分もがきながら、それでも

「自分が何をしたかったか」

ということは、その手にしっかり握りしめておいて。

魂のステージが一つ上がるときには、必ず何かしらのトラブルが起こり、私たちはみんなもがき苦しみます。けれどその先にある愛や光の未来に意識を向けて。さあ、さなぎから蝶へと、華麗に変容していくのよ！

身体に宿る「ご神木」や「お宮」を敬う

神社の境内などにあるご神木は、内なるエネルギーを外に向けて発しているのをご存じかしら。よく、ご神木からパワーをいただくには、手をかざすとよいといわれているのはこのためなの。逆にご神木に抱きつくのはNGといわれているわよね。

私たちが「神」と呼ぶ存在から御霊《みたま》分けされたのが「人間」。つまり**神＝人**ということになります。そうであれば、**私たちの身体そのものも、ご神木**であるといえるわね。

ここでちょっと考えてもらいたいのだけれど、パワースポットや神社に行って、ご神木をわざわざ汚す人はいませんよね。けれど、私たちは自分自身の身体をどのように扱っているかしら。大切に敬い、ていねいに扱っている？　それとも「とりあえず動けばいい」くらいに思って雑に扱っている？　今の世の中を見ていると、女性も男性も圧倒的に後者が多いように感じます。

身体からの内なる声を聞き、自分を大切に扱うことは、これからの人生１００年時代を美しく楽しく生きるためにも必要なこと。特に女性の場合は、身体の中に**「お宮」**を持っています。

それが「子宮」。お宮は神様をお祀《まつ》りする場所でもあります。そうした神聖な場所を汚《けが》してはいけない。これは誰もが思うことでしょう。汚すとは、敬意を払わずぞんざいに扱うこと。女性が自分自身のお宮である「子宮」を汚すと、血流が停滞してしまうの。その結果、子宮頸がんや子宮筋腫、冷え性などが出てしまうのです。

そうならないためにも、子宮は大切に扱うこと。血流が滞らないよう、適度な運動や栄養豊かな食事、マッサージやストレッチなどのセルフメンテナンスに努めましょう。身体がきれいに手入れされているということは、**自分を愛し、大切**

に敬っていることになります。

そして、子宮から聞こえてくる内なる神の声に耳を澄ませば、今自分が本当にやりたいことがわかってくるでしょう。お金にも仕事にも人にも恵まれているいい女というのは、たいていが**子宮の声に忠実に生きている**のよ。

自分を大切にすることで、身体の7カ所に点在するエネルギースポットのチャクラが活性化します。すると、チャクラからのエネルギーでできているオーラも美しく大きく輝きだすの。その結果、自分が必要としている人もお金も、すべてが同調し、集まってきてくれるというわけ。つまり、体内の血脈が整えば、そのエネルギーが外側にも波及し、人とのご縁である人脈、お金とのつながりである金脈の流れもよくなり、自然と運気も上がっていきます。

そのためにも、子宮に忠実に生きるということは、とても大事なこと。私には子宮はないけどね（笑）。

男性の場合は自分に忠実に生きていないと、身体に取り入れたエネルギーや運を地に還す（運地／うんちを排泄する）部位である肛門や鼠径部周辺にトラブルが起こることが多いです。

さきほど、エネルギーが第７チャクラから右回りに下に降りるとお伝えしましたが、エネルギーが地に還るところから、私は排泄物を**「ドラゴン」**と呼び、「ドラゴンが出た！」という言い方をしています（笑）。

エネルギーが第１チャクラまで下りることで、身体に不要なものが正常に排泄され、私たちの身体は浄化されると考えます。ドラゴンはその浄化の成果なのよ。だから身体の浄化には、第１チャクラはとても大切。

また、「脳腸相関」といわれるように、脳と腸には非常に密接な関係があります。加えて、**「皮脳同根」**とは、皮膚と脳は密接な関係があるということ。そして、腸の働きの影響がお肌に現れることは、美容では常識よね。つまり、ドラゴンがつるりんポンと出てくれると、腸と皮膚、脳が健やかに保たれるというわけです。

今は女性も男性も、自分の身体を通して聞こえる魂からの声に忠実に生きることが大事なのよ。

自分自身の身体を大切にケアして、魂からの声に耳を傾けて生活していると、どんどん感覚が研ぎ澄まされていくの。そうすると、自分が本当に必要なものは何かがわかるようになります。そして、面白いくらいに、欲しいものばかり引き寄せられるようになるの。お金や富や豊かさを手に入れたいなら、あなた自身のお宮やご神木のお手入れをしっかり行うこともお忘れなく。

「普通」「平均」なんてない！

スピリチュアルカウンセリングに来るクライアントの方々の多くは、「普通がいい」と言うんです。「平均的な生活がいい」「普通の結婚がしたい」「普通に幸せになりたい」って。じゃあ聞くけど、普通って何？　平均って何？　「あんたはそれが普通かもしれないけど、こっちからしたら変なんだよ！」って言いたくなる。私からみたら、みんな変なのよ。そして、私だって変なんです（笑）。

みんな普通ではないの。

少し前に『ハーバードの個性学入門　平均思考は捨てなさい』（トッド・ローズ著小坂恵理訳／早川書房）という本を読みました。この本によると、そもそも普通、平均なんてないというの。平均を重視するあまり、失敗することもあるというエピソードも紹介されています。

1940年代のアメリカ空軍で、墜落事故が多い原因を、パイロットの身体がコックピットに合わないせいだと考えたそうです。そこで約4000人のパイロットから、身長、胸まわり、腕の長さなど10カ所の平均値を出して、すべてが平均範囲におさまるパイロットの人数を調べたのです。そうしたら、10項目すべてが平均値内の人は1人もいなかったということでした。

平均的パイロットに合わせてつくられたコクピットは、すべてのパイロットにとって使いにくいコクピットだったということです。


つまり実在しない「平均」とやらを追い求めても、それは**「幻想にすぎない」**ってこと。それよりも、自分の身の丈に合った方法で、自分らしく生きるほうが充実した人生を送れると思わない？

いろいろな人がいて、いろいろな個性や意見があるから、それぞれがいる意味があるんでしょ？　あなたがそこにいる意味があるんじゃない？　みんなと同じようにとか、平均とか普通とか、そんなこと望まなくていいのよ！

あなたはどうしたいの？　あなたは何が欲しいの？　大切なのは、**あなたが望むことに意識をフォーカスしていくこと**よ。

執念を「武器」にする

私は美容研究家ですけれど、美は継続から生まれるとは思っていません。継続という言葉は嫌いなんです。継続なんて、そんな甘いものじゃないのよ。これはもう**執念**ね。執念を持ってあきらめなければ、必ず結果は出ます。

この世で生きていれば、年を重ねるごとに肌や体型が変化してくるのはあたりまえのこと。しみ、しわ、たるみが目立つようになったり、おなかまわりや下半身に余計なお肉がついて取れなくなったりするのは仕方のないことよ。そんな自分を見て「もう若くないからね」とため息をついたり、まわりにいる若い女性と比較して「もう終わったかも」と落ち込んだり、年を重ねても美しい人と比べて「どうせ私なんてね」と自分を卑下したり……。

思わず心が折れてしまうような出来事があったとしても、そこで崩れ落ちないこと。**「私はまだきれいになれる！」**という執念を持ってお手入れを続けていけば、必ず結果はついてくるはずよ。

これぞ、まさに「グリット」。これは女性にこそ養ってもらいたい力で、一つの物事にじっくり取り組み、**「やり抜く力」**を意味するの。成功するには、１に才能、２に努力といわれていますが、第３の要素がこのグリットだといわれています。これこそが、美容、仕事、プライベートと人生のあらゆる面においてあきらめず、自分の夢を叶える原動力になるのよ。このグリットの力を、あなたにもぜひつけてもらいたいの。

「あなた、きれいになったらどうするの？」「痩せたらどうする？」「おなかが引っこんだらどうする？」「二の腕がほっそりしたらどうする？」「そうしたら、今すぐ何をしたい？」「着たい服が着られたらどうする？」「お顔が引き上がったらどうする？」「どんなふうに気分よくなりたい？」――自分自身にこうしたことを問いかけながら、自分を美しくするための努力を、あきらめずに続けるの。

人生も美容も同じこと。目の前のひどい現実、「もう、だめだ」と心折れるような出来事……実は、すべてあなた自身が引き寄せていることなの。

あなたは「そんなひどいこと、自分で思うわけない」と思っているでしょ？

あなたの願っていることが、水たまりを飛び越えるくらいの簡単なものなら、ほんの少しの努力で叶うかもしれない。けれど、それがそう簡単には渡れない大きな川のような願いであれば、それを叶えるのに、ふさわしいあなたになる必要があるの。

だから、神様が何度も「あなたの願いを叶えたければ、まずはこうしなさい」「それを実現させるために、これも必要」「なぜ、やらないの？　そろそろ気づきなさいよ」と、いろいろな現実をぶつけてきているんです。

そのときに「ああ、だからだめなんだ」とあきらめてはダメよ。そんなあなたに伝えたいのが、最近、ビジネスの世界でも注目されている**レジリエンス**

(resilience) という言葉。

これは、**「何かあっても回復できる、しなやかな強さ」**という意味なの。神様からどんな変化球がきても、あきらめることなく、しなやかに対応しながらそれを打ち返せるだけの強さを身につけること。そうすれば、必ず願いは形になります。

願いにふさわしい自分になる――心折れる出来事は、そのために**神様がくれるギフト**なんです。だから自分が願い続ける限り、叶うまで同じようなことが何回も続くのよ。

執念って、おどろおどろしい感じで、私、好きなんですよ。さまざまな顔を持って戦い続ける、**人間の内なる阿修羅**を見る感じがするの。私はこれを大事にしています。

人間なんてしょせんドロドロしているもの。くやしさ、恨み、怒り、憎しみ、ねたましさなど、いろいろな感情があって、そこから「負けるもんか！」「見返してやる！」というエネルギーを使って抜け出せばいいんです。

「あいつにあの人を取られた！」「あの仕事をあの人に取られた！」「仕事をクビになった！」「いやがらせを受けた！」「ああ、くやしい！」……と思わない限り、人間というのは変わろうとしないのよ。ドロドロした思いが出てこない限り、やろうとしない。

でもね、その思いに気づいたら、それをすさまじいパワーに変えて、一気に変われるの。だから執念を持っている女ほど、人生を輝かせられるのよ。

いくつになっても挑戦が女を輝かせる

人生１００年時代、あなたは１００歳まであと何年あるのかしら。読者の皆さんは、あと何十年も生きることになるでしょう？

人生の幕を引くまで、まだまだ時間があるってこと。これって、私たちはすごい自由を手にしているということよ。

そして、人生１００年時代に何が必要かといったら、豊かさよ。豊かさといえば、お金のこともあるけれど、心のゆとりも必要ね。そうでなきゃ、長い人生を楽しみ続けることはできないから。

年を重ねて経験を積むほどに、**内面の豊かさ**が養われ、その人のオーラとなってにじみ出てきます。そして、フランスのマダムたちのように、いくつになっても人生を謳歌《おうか》する美しさを手に入れるの。

いつまでも、若い子たちに「おばさん、おばさん」と呼ばれ、旦那には「お前も老けたな……」なんて言わせないのよ！

若さは必ず失われるもの。だけど、**年齢を経てつくられる美しさは、失われることはない**の。むしろ、歳をとっても美しくなろうという気持ちと努力をあきらめなければ、まわりがうらやむほどの美しさを手に入れることができる。

美は執念よ！

とはいえ、たいていは家で寝転がっておせんべいをバリバリ食べながら、「あの女優のあごは変だ」「あの人の鼻は整形だ」とか言っているのよね。自分のことは棚に上げて。そんなことだから、**「あんたみたいな不細工に未来はない！」**なんて、私に言われるのよ。

私が言う不細工は、顔のつくりのことではありません。**その人の心模様が顔に出るの。**それを言っているのよ。

人生100年を、輝いて豊かに生きるのに大事なのは、レジリエンス。どんなことがあってもよみがえる、しなやかな強さを持つ心を育てていくこと。たくさんの挑戦を続けながら、体験を積み重ねていくこと。肉体には限界があり、加齢には逆らえないけれど、体験から生まれる心の豊かさや美しさには、限界なんてないのだから。

もう一つ大事なことを言うわね。それは我慢しないこと。時代は昭和でも平成でもないの。令和なのよ！　言われていやな思いをしたら、「ちょっとあんた！」と、その相手に噛みついてやんなさい。

我慢ばかりしていると、行動・挑戦しなくなるの。そして、自由に楽しく生きている女性をうらやみ、他人の批判や悪口ばかり、自分ではできない言い訳ばかりして、内心イライラするのよ。表面はいい人ぶっていても、そういうオーラはにじみ出てしまうのよ！

もう我慢しないで、言いたいことを言いなさい。それができないなら、胸の中に溜め込んだ不平不満、愚痴、言い訳をノートに書き出すの。聞いてくれる友だちがいれば、「30分だけ聞いて！」と言って、徹底的に悪口を言ってスッキリしなさい。

不平不満、愚痴、言い訳を言うと「だめフィール」女子になるんじゃないかって？人間は陰陽でできているから、ネガティブな面もポジティブな面も両方持っています。ネガティブな陰の自分を知っているからこそ、ポジティブな陽の自分もわかるのです。ありのままの自分を受け入れて、**ネガティブな部分は、発散して昇華させればいい**のよ。

１００年も生きれば、お金も必要よ。何もせずに縮こまったままでは、経済的にも苦しくなるでしょう？

これからの時代は、**右手に「レジリエンス」、左手に「NO我慢」**を持ち、いくつになってもさまざまなことに挑戦し続けながら、気前よく元気に明るく生きましょう。いつからだってあなたは豊かに、幸せになれる。令和というのは、そういう女たちの時代なのだから。

スピリチュアル的に健康であるために

ダメフィール女子のスピリチュアルワーク

私が目指しているのは、スピリチュアリティウェルビーイング＝自己超越性です。そのために必要なのが、自分の限界を知ること、自分の弱さを認めること、今の在り方を認めること。

クライアントに多いタイプが、次に紹介するA子とB子なの。A子はいつも遊ばれて終わりパターンのセカンド女子タイプ、B子はお金も仕事も満足いかず、人生が楽しくない干からび女子タイプ。二人とも典型的な「だめフィール」女子なのだけど、誰にでも、多かれ少なかれ、A子やB子の要素ってあるんじゃない？

だから、この2タイプを例に、どうやって自分の限界を知り、弱さを認めるのか、どうすれば幸せになれるのかをお伝えするわね。

◆「だめフィール」女子：A子の場合（セカンド女子タイプ）

だめんずとばかり恋をしてしまうA子はね、実は心の中で、自分が遊ばれたいと望んでいるの。どんな現実であれ、その人の思考がそのまま現れているからね。そんなA子の場合、「それってあなたが望んだことでしょ？」「遊ばれるとわかっていたんでしょ？」「2番目の女でもよかったんでしょ？」「人の彼氏や旦那とつき合いたいんでしょ？」「刺激が欲しいんでしょ？」「それで満足なんでしょ？」と、まずは自分との

対話をするの。

最初は「そんなこと、思っていない！」という声が出てくるだろうけれど、ではなぜ、現実はそうなってしまうのかを考えてみて。もしかしたら、何か大きなトラウマを抱えているのかもしれない。心の奥底では、自分を幸せにしないことを望んでいるのかもしれない。それとも、相手が誰でも構わないくらい、一人でいるのが耐えられないほど寂しいのかもしれない。


そんな自分が出てきたら、まず「それはつらかったね」「幸せになるのが怖いんだね」「寂しいよね」と受け止めてあげて。できたら、お風呂に入ったり、部屋でゆっくりくつろげるような時間を設けてやってみるといいわね。

もしそこで、寂しくて仕方がない、一人になりたくない、ぬくもりが欲しい、などの思いが出てきたら、それを一つずつ取り上げて、「私が一緒にいるよ」「私が抱きしめてあげるよ」と、誰かにやってもらおうとしていたことを、全部自分で自分にやってあげるの。涙が流れるかもしれないけれど、それは流したいだけ流していいのよ。

そうやって自分を愛しているうちに、だんだん人とのつき合い方も変わってきます。

他人に求めていたことを自分で自分にやってあげられたら、変な男を求めなくてもよくなるのよ。

ここまでいってもやらないなら、ずっとそのまま遊ばれるセカンド女子でいなさいね！　とことん遊ばれて傷ついて、「もうこんなのはいやだ！」と思ったら、愛と光のこちら側に戻っておいで。**私は待っているからね。**

◆「だめフィール」女子：B子の場合（干からび女子タイプ）

B子みたいなタイプは、お金もなくて仕事もうまくいかなくて、人生が楽しくないのよね。つねに誰かと自分を比較してしまうの。お金、豊かさ、幸せなど、これらはすべて自分の内側だけで感じればいいことなのに、人と比べてしまうのよ。これを続けていると、いくら成功したってずっと欲求不満の状態は続くわよ！

こういうタイプで多いのが、「パワースポットにも行っています。『ありがとうございます』と毎日言っています。パワーストーンのブレスレットもたくさん持っています。でも、全然私が思うような幸せがやってこないんです」という女たち。

そんな**「やってます女」**はね、やっているつもりで本質が見えていない、クソくらえ女なのよ！　幸せになっていないということは、何かが足りない、もしくは方向性が間違っているということなの。

その大元となるのは、**感謝**と**恩**よ。そういう女には、これらがまず足りていない。どれだけの人に感謝をして、恩を感じているか。どれだけの人から感謝され、恩を感じてもらっているか。パワースポットに行ったりする前に、まずはそうしたことから考え直しなさい！

そこから今度は、いくら望んでもお金が巡ってこない、幸せになれない自分を認めて、許してあげるの。できない自分を認めるのは、とてもつらいことだと思う。けれど、そこをまずは認めて、そんな自分を受け入れてあげて、それから「これからどうしたい？」と自分に問いかけてあげて。

すると「こういうことがしたい」「本当はこれが欲しい」という自分の本音が上がっ

てくるはず。その声にきちんと耳を傾けて「わかった。私が一緒にやるね」「いいよ。私がそれを買ってあげるよ」と受容するの。

そこから「一緒にやるには、どうしようか」「これを買うには、どうしようか」という方向に意識が向き出すことで、現実は変わっていきます。

そこに向かって、どんな小さなことでもいいから、行動・挑戦に移していくことが大事ね。そうすれば、あなたが望む自分になっていくはず。「いいフィール」を心がけて、自分自身を大切に愛して、強・金・龍の力を高めながら、あなたがなりたい自分になっていくことができるのよ。

竜庵からのギフト

お守り言葉

いかがでしたか？　いろいろと言わせていただきましたが、決してあなたをいじめたわけじゃないの。私は愛を持って、あなたにご意見させていただいたつもりです。だから、これまでまわりの人にはあまり語らなかった子どものころのことや、人生の失敗談も交えてお伝えしました。

あなたの人生はあなたにしか変えられない。それには、自分を幸せにする、と決心する必要があるの。本気ぶっこいて自分の人生を変えようと思ったとき、この本を改めて開いていただいたら、私の言葉は、単なる説教から「愛あるアドバイス」に変わると思うわ。

最後に、こんなときに唱えてほしい、お守りにしていただきたい言葉をいくつかお伝えしましょう。

そのままで大丈夫

あなたが自分自身を幸せにしよう、と決心すると、その決心が本物かどうかを試す、神様からのギフトが何度も届くでしょう。それは、周囲からの嫉妬や悪口、いじめかもしれないわね。

けれど、そんなものに負けないで！

鏡に向かって自分自身に、この言葉をかけてあげて。そして、ゆっくりと深呼吸して、もう一度この言葉を自分に向かって言ってください。

大丈夫。大丈夫。あなたはきっとそのままで、大成功するわよ！

なんとかなる

絶体絶命のピンチって、人生の中で何度か出くわすわよね。

そんなときのお守り言葉です。

私が億を超える借金を抱えることになったときも、最終的に口から出てきたのが、この言葉。

そう。人生、なんとかなるのよ。なんとかならないときは、死ぬとき以外ないの。でも、それは自殺ではないわよ。自殺は自分でなんとかしちゃうってことだから。

なんとかなるってそういうこと。まず、自分ができる限りのことはする。あとは、なんとかなる！と信じて、いいフィールでいること。

なんとかなる出来事が引き寄せられるわよ！

気前よく!

わたくし竜庵は、まわりの人たちから「パッションモンスター」といわれるほど、毎日かなりテンション高め。その理由は、つねに「気前よく」いることをモットーにしているから。「気前がよい」というのは、「気」が「前」を向いているということ。前に向いた「気」は非常に明るく、元気でいられるのはもちろん、同じ波動の出来事も次々と引き寄せます。

ぜひあなたも、動詞の前にいつも「気前よく」をつけてみて。気前よく食べる!気前よく遊ぶ! 気前よく仕事する! そして、気前よくあきらめる! 気前よく落ち込む! 気前よく忘れる! こんなふうに言うと、ネガティブな気持ちが払しょくされる感じがしない? ぜひ、気前よくこの言葉を使ってね。

ツイてる！ツイてる！ツイてる！

生きていれば、びっくりするようなことが起こるし、がっかりするようなこともあります。落ち込むこともあるし、とんでもないピンチに陥ることもあります。

そんなときこそ、この言葉を連呼して。すると、言っている私自身が本当に「私ってラッキーだわ！」と思いはじめるの。そうすると「これこそ今、体験すべきことなんだわ！」と思えるようになるの。いいときも、悪いときも、ぜひこの言葉を連呼してみて。きっとラッキーな出来事に出合うわよ！

強気！　やる気！
元気！

自分の気（エネルギー）を高めるためにおすすめなのがこの言葉。とくに「強気！」というのは読んで字のごとく「気」が強いの。これって最強の言葉だと思わない？私たちの心模様がまわりの現実に映し出されているとしたら、気を強く持って、想像の翼を伸ばしながら、豊かさを手に入れていくといいのよ。

あなたが自分の気を強く持てば持つほど、強・金・龍もパワーアップしていきます。私たちを常に守り導いてくれる強・金・龍を味方にして、強気で挑戦し、やる気で行動し、元気に体験を重ねていきましょう！

「思考は必ず現実化する」

バリキャリの女子たちは、アメリカ人で成功哲学の権威、ナポレオン・ヒルの言葉を思い浮かべたかしら。あえていうなら、「必ず」っていうところが肝ね。これは、10万件以上のカウンセリング、そして私自身の経験から出てきた言葉なの。

本書で私がさんざん言ってきた、「いいフィール」と「だめフィール」。言葉の響きは軽いかもしれないけれど、あなたの人生を左右するとっても重要な言葉よ。

つねにいいフィールでいたいけど、時にはだめフィールに包まれてしまうこともあるでしょう。そんなとき、自分への戒めとして、この言葉を噛みしめるように言ってね。そして、気持ちをリセットして、いいフィールへとシフトしてくださいね。

おわりに

あなたは気づいていないかもしれないけれど、あなたの人生はもうすでに最幸なのよ。今がどんなにいやな現実であったとしても、それは、その先に待つ、あなたが望む人生を受け取るためのもの。

誰かに愛し、愛されたいと思うとき、その前に孤独を感じなければいけない場合もある。その前に愛されないという経験をしないといけない場合もある。人それぞれが最幸を味わうための道の途中にいて、その瞬間がすべて、実は最幸の出来事なのです。

人生は一回きり。そうしたことに気づけば、目の前の現実を受け止めて、本当の自分の望みは何だったのかを思い出して、立ち上がることができるはず。いつからでも、なりたい自分になれます。私たちはそのための力を持って、この世界でのあらゆる体験を味わい尽くすために生まれてきているのだから。

これまで、ご自分の中の強・金・龍を強めて、お金や豊かさや幸せを手に入れるための極意を紹介しました。

お金＝気＝気持ち＝心＝愛＝自分＝神＝宇宙。すべてつながっています。このつながりがさまざまな現実をつくっているのです。だから、あなた自身が幸せで豊かな気持ちでいたら、お金は必ずついてきます。

どんなことがあっても自分を信頼して、望み続けてください。そして「いいフィール」女子でいてください。もう、不細工で「だめフィール」で性根の腐った女を見ているのは飽きたの！　そんな女たちより、「いいフィール」で美しくて気品ある女性たちが増えたほうが、この世界はもっと軽やかで、輝くエネルギーに満たされるはず。

皆さんの幸せを心から願っています。

令和2年7月吉日

スピリチュアルカウンセラー　竜庵

竜庵（Ryuan）

10代の頃に「光の玉」に導かれて教えを受け、スピリチュアルな能力を授かる。サロン経営と平行し、スピリチュアルカウンセラー竜庵として20年間で10万人以上ものクライアントの、さまざまな悩みに応える。

本名の樋口賢介としては、美容研究家、ホリスティックビューティークリエイター（ヘアーメイク、ヘッドスパ、フェイシャル・ボディートリートメント、化粧品開発、技術＆知識の提案）、株式会社HIGUCHIリーディング代表、トータルビューティーサロン「HIGUCHI」代表の顔を持つ。ヘッドスパにおいて長年研鑽を積み、現在第一人者としてさらに技術を磨きながら、後進の指導にもあたる。

歯切れのよい語り口、気さくな人柄でファンも多く、マスコミでも活躍中。

SPA HIGUCHI公式チャンネル
https://www.youtube.com/user/beautyhiguchi

取材・執筆　「cosmic flow」岡田光津子
イラスト　ときゆりか（青梅）
デザイン　石井　香里

強・金・龍

強運、金運、龍神を味方につける 最幸の法則

2020年9月1日　初版第1刷発行

著　者　竜庵
発行者　東口敏郎
発行所　株式会社 BAB ジャパン
〒151-0073 東京都渋谷区笹塚 1-30-11　4・5F
TEL　03-3469-0135　FAX　03-3469-0162
URL　http://www.bab.co.jp/
E-mail　shop@bab.co.jp
郵便振替　00140-7-116767
印刷・製本　中央精版印刷株式会社

ISBN978-4-8142-0337-6 C2011